PRÉCIS

DE LA LOI DU 23 MARS 1855

SUR LA

TRANSCRIPTION EN MATIÈRE HYPOTHÉCAIRE.

PRÉCIS

DE LA LOI DU 23 MARS 1855

SUR LA

TRANSCRIPTION EN MATIÈRE HYPOTHÉCAIRE

A L'USAGE DES MAGISTRATS

CHARGÉS DES PROCÉDURES D'ORDRE DANS LES TRIBUNAUX CIVILS DE PREMIÈRE INSTANCE;

PAR

M. VICTOR FONS,

Juge au Tribunal civil de Toulouse, membre de l'Académie de Législation de la même ville et de la Société impériale archéologique du midi de la France.

Omnia jàm vulgata.

TOULOUSE,
CHEZ GIMET, LIBRAIRE-ÉDITEUR,
RUE DES BALANCES, 66.

1857.

TOULOUSE, IMPRIMERIE DE A. CHAUVIN, RUE MIREPOIX, 3.

PRÉCIS

DE LA LOI DU 23 MARS 1855

SUR LA

TRANSCRIPTION EN MATIÈRE HYPOTHÉCAIRE.

Lorsque les biens immobiliers d'un débiteur sont vendus, que la vente soit volontaire ou forcée, le prix s'en distribue entre les créanciers par une opération qu'on appelle *ordre*, suivant le rang qui appartient, d'après la loi, à chacun d'eux; et cette opération est amiable (art. 755 C. proc. civ.) ou judiciaire (art. 749 et suiv.).

L'ordre une fois ouvert, soit à l'amiable, soit judiciairement, il s'agit donc d'examiner comment doit se faire la collocation de chacun des créanciers dont les titres sont produits. Cette opération présente souvent de grandes difficultés. La première condition exigée pour arriver à une distribution régulière est de bien connaître les dispositions des lois sur les priviléges et les hypothèques. Celle du 23 mars 1855 ayant introduit des modifications importantes dans notre régime hypothécaire, il est du devoir des magistrats chargés des procédures d'ordre, de se bien pénétrer de ses dispositions dont ils auront à faire souvent l'application dans ces procédures.

Cette loi du 23 mars 1855, devenue exécutoire à dater du 1er janvier 1856, a donné lieu déjà à bien des embarras et jeté le doute dans l'esprit des praticiens; et, en effet, elle est de nature à présenter de graves difficultés dans la pratique. Le législateur l'a qualifiée de *loi sur la transcription en matière hypothécaire.* D'après ce titre clair et précis, il semblerait que son objet unique a été l'établissement de la transcription pour les actes translatifs ou modificatifs de la propriété immobilière. Néanmoins, la loi contient des dispositions de la plus grande importance relatives à divers points du régime hypothécaire. L'objet de toutes ses dispositions a été de donner une publicité complète tout à la fois aux transmissions totales ou partielles des immeubles, aux démembrements qu'ils subissent et aux charges dont ils sont grevés, et de procurer ainsi de la sécurité à ceux qui achètent des immeubles ou qui les acceptent pour gage des prêts qu'ils consentent à faire.

CONSIDÉRATIONS GÉNÉRALES. — UTILITÉ DE LA TRANSCRIPTION.

1. Avant le Code Napoléon, la transcription existait; elle avait été établie par l'art. 26 de la loi du 11 brumaire an VII, et tout annonçait sa conservation dans le Code au *titre des hypothèques*. Déjà les art. 941 et 1070 de ce Code l'avaient introduite avec tous ses effets; et l'art. 1583, en proclamant « que la vente est parfaite *entre les parties* et la propriété acquise de droit à l'acheteur *à l'égard du vendeur*, dès qu'on est convenu de la chose et du prix, » disait virtuellement qu'en dehors des parties, à l'égard de tout autre que le vendeur, il fallait une révélation pour donner à cet acte un effet contraire aux droits des tiers.

Cependant la transcription disparut du Code on ne sait trop par quel motif. Dans le sein du Conseil d'Etat, l'article qui, dans le projet du Code, la prescrivait, fut l'objet d'une discussion. Cette discussion s'égara; l'article où elle était écrite ne reparut point, quoiqu'il n'y eût eu à cet égard ni vote ni résolution du Conseil; et, par ce retranchement que l'on n'a jamais pu expliquer, l'une des plus grandes questions du régime hypothécaire fut emportée à la faveur d'une omission non motivée, peut-être par suite d'un malentendu. Cette omission avait toujours été signalée comme une lacune : une sorte de cri public s'était élevé pour que cette lacune fût comblée. « Il y avait là, disait-on, un grave inconvénient. Un homme de bonne foi pouvait traiter avec celui qui n'était plus propriétaire. Un homme de mauvaise foi pouvait vendre ce qui ne lui appartenait plus. L'acheteur pouvait être exposé à payer le prix et à ne rien recevoir en échange ; ou bien, après le prix payé et la mise en possession de l'immeuble, l'acquéreur pouvait être évincé par un acheteur antérieur qui s'était laissé ignorer et qui venait opposer un enregistrement jusque-là inconnu, fait clandestinement à 200 lieues de distance de l'immeuble. Le propriétaire qui avait aliéné la nue propriété pouvait, en conservant l'usufruit et la possession de l'immeuble, faire une nouvelle vente et tromper un second acquéreur. Pour un usufruit, pour une servitude, pour un bail, une surprise analogue pouvait être pratiquée. La bonne foi du vendeur immédiat ne suffisait pas pour garantir son acquéreur ; car ce vendeur pouvait se croire légitime propriétaire et ne pas l'être ; le vice qui entachait la transmission pouvait remonter à deux ou trois générations de vendeurs..... Le même danger menaçait les *prêteurs;* il ne leur suffisait pas de s'assurer de la valeur de l'immeuble qu'on leur donnait en gage, des droits du propriétaire, de la non-existence d'inscriptions antérieures; les plus ombrageux, les plus prudents pouvaient être surpris et dépossédés par des aliénations faites la veille et qu'ils n'avaient aucune raison de soupçonner. Le débiteur, tout en étant réellement propriétaire, pouvait avoir altéré secrètement la valeur du gage qu'il offrait à un créancier par une constitution d'*usufruit,* par l'établissement d'une *antichrèse,* par la concession d'un *bail* de longue durée faite à vil prix, par le paiement anticipé d'un grand nombre d'années de loyer..... Dans ces diverses circonstances, l'acquéreur et le prêteur étaient dans l'impuissance légale de s'assurer de l'état vrai des choses. Il n'y avait aucune sécurité dans les transactions. » (Rapport de M. Debelleyme et discussion au Corps Législatif.)

Des dangers de cette nature, qui souvent étaient passés à l'état de faits, avaient ébranlé la confiance, et les capitaux s'étaient éloignés des immeubles, au grand détriment de la propriété foncière. Aussi, depuis longtemps, les hommes les plus éminents dans la science et dans la pratique du droit (1), appelaient de tous leurs vœux la transcription obligatoire de tous les actes d'aliénation. Dans la grande enquête judiciaire faite, en 1841, par M. le garde-des-sceaux, la Cour de cassation, toutes les Cours d'appel moins deux, sept Facultés de droit sur neuf, c'est-à-dire la presque unanimité des Cours et des Facultés, avaient exprimé les mêmes vœux.

2. Enfin, cette réforme tant désirée et sollicitée, la loi du 23 mars 1855 nous l'a donnée. Cette loi, qui emprunte sa dénomination de sa disposition principale, a apporté à l'état antérieur de la législation deux changements qui résument tous les autres. Le premier consiste en ce que la transcription est désormais le seul moyen de rendre efficace à l'égard des tiers la transmission des droits réels immobiliers, tandis qu'avant la loi nouvelle, sous le Code Napoléon, la transmission était parfaite par le seul consentement des contractants (C. N., art. 1583); le second, en ce que cette formalité a pour effet d'empêcher *immédiatement*, au moins en règle générale, les créanciers privilégiés ou ayant hypothèque, de prendre utilement

(1) Voyez principalement M. Troplong dans son admirable préface de son *Commentaire du titre des hypothèques*.

inscription sur le précédent propriétaire, tandis que, avant la loi du 23 mars 1855, ils le pouvaient encore durant un délai de quinzaine, aux termes des art. 834 et 835 du Code de procédure civile.

3. Les dispositions de la loi nouvelle sont renfermées dans onze articles. Les six premiers concernent la transcription et ses effets, comprenant l'inscription des priviléges et hypothèques interdite après la transcription; le septième, l'action résolutoire du vendeur; les art. 8 et 9, l'hypothèque légale des femmes, des mineurs et des interdits. Les deux derniers articles contiennent des dispositions transitoires. De là, nous diviserons notre travail, qui ne sera qu'une esquisse rapide plutôt qu'une étude approfondie de la loi, en quatre paragraphes. Dans le premier, il sera question de la transcription et de ses effets; dans le deuxième, de l'inscription des priviléges et hypothèques interdite après la transcription; le troisième concernera l'action résolutoire du vendeur; le quatrième et dernier sera relatif à l'inscription de l'hypothèque légale des femmes, des mineurs et des interdits, et à la cession de l'hypothèque légale des femmes.

§ 1er. — De la transcription et de ses effets.

4. La transcription peut être envisagée sous un triple rapport : 1° Des actes qui y sont assujettis; 2° du mode d'y procéder; 3° de ses effets.

1° Des actes assujettis à la transcription.

5. La transcription est la copie littérale et entière d'un acte sur un registre spécial tenu par le conservateur des hypothèques et que toute personne peut consulter. « Cette formalité est destinée, ainsi qu'on l'a vu, à procurer aux tiers, créanciers ou acquéreurs, la publicité matérielle, durable et facile à chercher, des mutations de la propriété immobilière et des démembrements ou charges qui peuvent en altérer la valeur. » *Exposé des motifs.*

6. Les art. 1 et 2 de la loi établissent le principe de la transcription en déterminant la nature des actes qui y sont assujettis. On peut les ranger en trois catégories : la première et la seconde comprennent les actes relatifs à l'établissement de la propriété ou de ses démembrements; la troisième se compose des baux et des quittances anticipées de loyers. L'art. 4 s'occupe

de certains jugements sujets à publicité par voie de simple mention sur les registres du conservateur. Ces jugements feront l'objet d'une quatrième catégorie.

1re Catégorie (art. 1er).

7. Cette catégorie comprend : 1° *Tout acte entre-vifs translatif de propriété immobilière*, c'est-à-dire contenant translation de propriété de fonds de terre, de bâtiments, de mines concédées conformément à la loi du 21 avril 1810, parce qu'elles constituent une propriété immobilière distincte de la surface ; 2° d'actions de la Banque de France et de celles des canaux d'Orléans et du Loing (décret du 16 mars 1810, art. 13), lorsqu'elles ont été immobilisées; et, en général, de tout ce qui est immeuble d'après le titre *De la distinction des biens* au livre II du Code Napoléon.

8. Faisons tout d'abord ici deux observations pour n'y plus revenir : la première, c'est que la loi nouvelle, en ne faisant aucune distinction à raison de la forme des actes, admet implicitement les actes sous seing privé au bénéfice de la transcription, pourvu qu'ils aient été préalablement enregistrés; la seconde, que, d'après le premier § de l'art. 11 de la loi,

l'art. 1 que nous analysons et les art. 2, 3 et 4 dont nous allons successivement nous occuper, ne sont pas applicables aux actes ayant date certaine et aux jugements rendus avant le 1er janvier 1856, date de l'exécution de la loi nouvelle. Leur effet est réglé par la législation sous l'empire de laquelle ils sont intervenus, c'est-à-dire par le Code Napoléon.

9. Maintenant continuons. L'art. 1er de la loi dit : *tout acte entre-vifs.* Il suit de ces mots que toute acquisition de la propriété immobilière ou de l'un de ses démembrements *à cause de mort*, n'est pas soumise à la transcription. Cela ne fait aucun doute pour les transmissions par succession *ab intestat*, parce que l'héritier continue la personne du défunt, et parce que son droit s'établit publiquement en vertu de la loi et des actes de l'état civil.

10. Il en est de même pour les successions irrégulières et l'envoi en possession des biens d'un absent.

11. Mais *quid* de la transmission par *testament ?* — M. Debelleyme, dans son *rapport* au Corps Législatif, a exposé les motifs qui ont déterminé le législateur à les affranchir de la transcription. Les transmissions à cause de mort ne prêtent pas comme les actes entre-vifs à des combinaisons frauduleuses. La publicité obliga-

toire des testaments, outre qu'elle violerait la maxime : *Le mort saisit le vif*, présenterait des inconvénients qui frappent tous les yeux. Les légataires ne sont point partie au testament comme l'acquéreur à la vente; la plupart du temps ils ne le connaissent pas; il peut dépendre de l'héritier de laisser leur ignorance se prolonger. Leur imposer la formalité de la transcription, ce serait leur imposer une condition qu'il ne dépend pas toujours d'eux de remplir; il faudrait leur accorder un délai. Ce délai devrait courir du moment où l'existence du testament leur aurait été révélée; mais il serait souvent fort difficile d'assigner ce moment.

12. L'institution contractuelle doit-elle être transcrite? — Oui, suivant les uns, parce que l'institution contractuelle est un acte entre-vifs, exigeant le concours de deux volontés et liant le disposant dans une certaine mesure. — M. Troplong, dans son récent *Commentaire* de la loi sur la transcription, n°s 73 et suiv., établit, au contraire, avec une grande force de raisonnement, que les institutions ne sont pas sujettes à la transcription, par la raison que, quoique irrévocables, elles tiennent du testament et qu'elles n'ont pour but que de transférer la propriété après décès. En effet, d'une

part, la loi ne s'occupe que des actes entre-vifs; elle a mis absolument de côté tout ce qui est relatif aux transmissions héréditaires. D'un autre côté, le donataire à cause de mort, l'institué contractuel, comme l'héritier, comme le légataire, ont un droit dans la succession qui n'a pas besoin de se manifester par la transcription.

13. Les donations entre époux ont-elles besoin d'être transcrites? — Il y a encore sur ce point divergence d'opinions. D'après certains commentateurs, la transcription n'est pas nécessaire, parce que les donations dont il s'agit, étant essentiellement révocables jusqu'à la mort du donateur, elles participent des donations à cause de mort, tandis que, suivant d'autres, ce sont des donations entre-vifs, moins l'irrévocabilité. — Nous nous bornerons à faire observer, avec M. Troplong, n° 79, que l'art. 11 de la loi du 23 mars 1855 laisse les actes de libéralités sous l'empire du Code Napoléon.

14. Pour qu'un acte soit soumis à la transcription, il ne suffit pas qu'il soit *entre-vifs* ; il faut encore qu'il soit translatif de propriété. De là, les actes de partage ne sont point soumis à la transcription. Le partage n'étant que déclaratif, les biens que le cohéritier reçoit dans le partage, sont censés lui avoir appartenu du jour du dé-

cès et avoir appartenu à lui seul (art. 883 du Code Napoléon). — Il en est de même de l'acte par lequel l'un des cohéritiers ou l'un des copropriétaires d'un immeuble indivis cède ses droits à l'autre. Un tel acte faisant cesser l'indivision entre eux est un véritable acte de partage qui, de sa nature, ne doit pas être transcrit. — Mais la fiction de l'art. 883 du Code Napoléon, d'après laquelle chaque copartageant ou communiste est censé avoir été propriétaire *ab initio* des objets à lui échus par le partage, n'a d'application qu'aux actes qui font cesser l'indivision d'une manière absolue (Cass., Req., 24 janvier 1844; Colmar, 1er février 1855).

15. Les actes de renonciation à succession ne doivent pas être transcrits. Ces renonciations, en admettant qu'on pût les considérer comme des actes entre-vifs, ne sont jamais translatives de propriété, puisque, par suite de la renonciation, l'héritier qui l'a faite est réputé n'avoir jamais eu la propriété des biens héréditaires, et qu'ainsi il ne transmet aucune portion de cette propriété à ses cohéritiers ou aux héritiers du degré subséquent qui sont réputés tenir les biens dépendant de la succession du défunt et non de la volonté du renonçant (art. 785, 786 du Code Napoléon). D'ailleurs, la publicité qui est dans le vœu de la loi est déjà organisée pour

ces renonciations par la forme de déclaration au greffe du Tribunal de l'ouverture de la succession à laquelle elles sont soumises (art. 784 et 1492).

16. Si la renonciation pure et simple à une succession n'est pas soumise à la transcription, il doit en être autrement de la renonciation gratuite que fait un des héritiers au profit d'un ou de plusieurs de ses cohéritiers; et encore de la renonciation faite au profit de tous ses cohéritiers indistinctement, s'il reçoit le prix de sa renonciation; car l'art. 780 du Code Napoléon assimile la renonciation, dans ces deux cas, à une donation ou à une vente de droits successifs. Il y a là un acte translatif de propriété; la transcription est donc nécessaire.

16 *bis*. La transaction doit-elle être transcrite? — Il faut distinguer; car la transaction est tantôt déclarative et tantôt translative de propriété. Si elle ne porte que sur les choses litigieuses qui l'ont amenée, elle est purement déclarative des droits qui en font l'objet. La loi suppose qu'en transigeant pour prévenir ou terminer un litige, les parties se sont fait justice à elles-mêmes et ont reconnu et déclaré la vérité. La transaction n'est dont pas alors un acte translatif; elle est une déclaration *de re dubiâ ;* dans ce cas, point de transcription. Mais cette formalité est indis-

pensable quand la transaction est translative de propriété ; et elle a ce caractère quant aux choses non litigieuses, abandonnées comme l'équivalent des concessions obtenues.

17. Le § dernier de l'art. 11 de la loi nouvelle place les *donations* et les *substitutions fidéi-commissaires* permises par les art. 939 et suiv., 1069 et suiv. du Code Napoléon, en dehors de ses prévisions et les laisse régies par le Code civil seul. « Il n'est point dérogé, porte le § précité, aux dispositions du Code Napoléon, relativement à la transcription des actes portant donation ou des dispositions à charge de rendre : elles continueront à recevoir leur exécution. » — Mais il ne faut pas appliquer cette disposition aux actes de vente servant de voile à des donations déguisées que la jurisprudence valide. Ces sortes de libéralités, pour produire effet à l'égard des tiers, sont soumises à la loi du 23 mars 1855 et non au Code Napoléon.

18. L'application de la loi que nous analysons ne doit pas être faite au cas d'*expropriation pour cause d'utilité publique.* La législation spéciale qui régit cette matière, c'est-à-dire la loi du 3 mai 1841, reste absolument en dehors de l'action de celle du 23 mars 1855. Il est, en effet, de principe que les lois spéciales, c'est-à-dire particulières à une matière, doivent être

appliquées de préférence à une loi générale, même postérieure, lorsque celle-ci n'y a pas formellement dérogé : *In toto jure, generi per speciem derogatur, et illud potissimùm habetur, quod ad speciem directum est. Leg. 80, ff. de reg. jur.* En fait, la loi générale et postérieure du 23 mars 1855 ne contient aucun article portant abrogation partielle ou totale de la loi spéciale et antérieure du 3 mai 1841. Donc, point d'abrogation sous ce rapport. Du reste, c'est ce qui résulte de la déclaration des commissaires du gouvernement devant la commission du Sénat : « qu'il n'est pas dérogé à la loi du 3 mai 1841 *sur l'expropriation pour cause d'utilité publique.* »

19. Le principe de la non-abrogation de cette loi reconnu, que faut-il décider à l'égard des actes d'acquisitions amiablement consenties entre un particulier et l'administration, des terrains nécessaires aux travaux? L'administration sera-t-elle obligée de faire transcrire ces contrats pour pouvoir les opposer aux tiers? — Il faut distinguer :

S'agit-il des acquisitions amiables faites par l'administration antérieurement aux arrêtés qui ouvrent la procédure en expropriation pour cause d'utilité publique? Il est clair que ce sont là des actes ordinaires qui restent soumis à toutes les dispositions de la loi du 23 mars 1855. — S'agit-il, au contraire, de ces actes d'aliénation consentis par les propriétaires pour leurs biens sujets à expropriation, c'est-à-dire compris dans les plans déposés aux mairies en vertu des arrêtés du préfet? Ces actes ne tombent point sous l'application de la nouvelle loi. Du moment que la procédure en expropriation est commencée, la cession consentie par le propriétaire de sa propriété n'est plus, a dit avec raison M. Cabantous, professeur de droit administratif à la Faculté d'Aix, qu'une sorte d'expropriation anticipée, un véritable traité à forfait par lequel il échange contre un paiement immédiat les chances qu'il pourrait avoir d'obtenir ultérieurement du jury spécial un prix plus élevé; et voilà pourquoi la loi du 3 mai 1841 assimile, dans le cas dont nous parlons, les conventions amiables aux jugements d'adjudication eux-mêmes, puisqu'elle accorde, dans les deux cas, les mêmes facilités, les mêmes faveurs, les mêmes dispenses de droits fiscaux.

20. 2° *La constitution de droits réels susceptibles d'hypothèque*, tels que l'*usufruit*, l'*emphytéose*.

21. 3° *La renonciation à ces mêmes droits.* — Il ne faut pas confondre les renonciations dont il s'agit ici avec les renonciations à succession

pures et simples dont nous avons parlé plus haut. Les renonciations dont il est question au § 2 de l'art. 1er de la loi du 23 mars, sont celles qui sont faites à des droits acquis, reposant sur la tête des renonçants.

22. 4o *Tout jugement qui déclare l'existence d'une convention verbale de la nature ci-dessus exprimée*, c'est-à-dire tout jugement qui déclare l'existence d'une convention verbale qui, une fois constatée par écrit, eût dû être transcrite, ou qui, aux termes du § 2 de l'art. 11 (*dispositions transitoires*), prononce la résolution, nullité ou rescision d'un acte non transcrit, mais ayant date certaine avant le 1er janvier 1856, époque à laquelle la loi est devenue exécutoire.

23. 5o *Tout jugement d'adjudication autre que celui rendu sur licitation au profit d'un cohéritier ou d'un copartageant*, c'est-à-dire les jugements d'adjudication qui sont investitifs de propriété, excepté, néanmoins, ceux rendus, en cas de licitation, en faveur de l'un des cohéritiers ou copartageants, parce qu'alors ils n'ont qu'un caractère purement déclaratif, comme l'aurait un simple acte de partage. — Mais le jugement d'adjudication rendu dans le cas où, sur la procédure ordinaire en purge, l'acquéreur reste adjudicataire après la suren-

chère du dixième faite contre lui, n'est pas sujet à la transcription comme n'étant pas translatif de propriété. Un tel jugement n'est pas un *titre nouveau* pour l'acquéreur. Son droit de propriété émane toujours de la précédente acquisition qu'il a déjà fait transcrire pour la purge, et dont le jugement d'adjudication ne fait qu'opérer la confirmation avec une simple augmentation de prix. Une nouvelle transcription serait ici une formalité surabondante (arg. art. 2189 du Code Napoléon; Rapport au Sénat).

24. Il faut en dire autant du jugement d'adjudication prononcé au profit de l'héritier bénéficiaire, quand les biens de la succession sont vendus aux enchères publiques, n'importe à la requête de qui. Un tel jugement n'est point translatif de propriété dans le sens de la loi de 1855. En se rendant adjudicataire, l'héritier bénéficiaire n'acquiert pas; il conserve ce qui lui appartenait déjà; la mise aux enchères n'a servi qu'à déterminer la somme d'argent dont il est comptable envers les créanciers du défunt (voyez Troplong, n° 102).

25. Mais le jugement d'adjudication sur saisie immobilière doit-il être transcrit? — Question des plus importantes à cause des frais très-considérables de la transcription d'un pareil jugement, et plus encore à raison des conséquences

qui peuvent résulter du défaut de cette formalité si son accomplissement est nécessaire.

Ceux qui sont d'avis de l'affirmative disent que l'art. 1er de la loi du 23 mars comprend *tout* jugement d'adjudication (sauf ceux rendus sur licitation au profit d'un cohéritier ou d'un copartageant), par conséquent le jugement d'adjudication à suite d'expropriation forcée. — Cette opinion est-elle juridique? — Examinons :

La transcription aurait-elle pour but de protéger l'adjudicataire contre toute aliénation qui aurait pu être consentie par le saisi antérieurement à l'adjudication, mais postérieurement à la transcription de la saisie? La formalité, dans ce cas, serait inutile, puisque, à partir de cette transcription, le débiteur, aux termes de l'art. 686 du Code de procédure civile que rien ne démontre avoir été abrogé ou modifié par la loi nouvelle, ne peut plus disposer, au préjudice de ses créanciers, des immeubles saisis, à peine de nullité de l'aliénation et *sans qu'il soit besoin de la faire prononcer*. L'adjudicataire pouvant ainsi opposer, en tout temps, la nullité d'une telle aliénation, il est clair que la transcription du jugement d'adjudication serait sans objet.

S'agirait-il de faire acquérir la propriété sur tous acheteurs antérieurs au saisi et même sur ceux du vendeur précédent, dans le cas où le saisi n'aurait pas fait transcrire son contrat? Il y en a qui soutiennent, même dans ce cas, l'inutilité de la transcription. On dit qu'à partir de la transcription de la saisie, il y a, aux termes des art. 682, 683, 684 et 685 du Code de procédure civile, dessaisissement complet (ceci n'est pas tout-à-fait exact, puisque, si le débiteur ne peut vendre, il peut au moins hypothéquer) de la part du saisi au profit de tous les créanciers inscrits; que la propriété étant ainsi irrévocablement fixée par la transcription de la saisie, et le jugement d'adjudication n'étant, dès-lors, que le complément de la saisie, l'adjudicataire n'a pas besoin de faire transcrire ce jugement pour obtenir et faire opérer un dessaisissement qui existe déjà, et qu'il doit lui suffire, comme par le passé, de se conformer à l'art. 716 du Code de procédure civile et de faire une mention sommaire du jugement d'adjudication.

Ces raisons, il faut en convenir, ne manquent point de solidité; mais, en présence des interprétations contradictoires qui se sont produites sur la question; en présence surtout du § 4 de l'art. 1er de la loi qui soumet, d'une manière absolue, à la transcription « *tout* jugement d'adjudication autre que celui, etc...... » nous n'oserions dire que l'accomplissement de la formalité est inutile. A Toulouse, les avoués postulants devant le Tribunal de première instance conseillent à leurs clients de faire transcrire les jugements d'adjudication sur saisie; et, depuis l'exécution de la nouvelle loi, tous ces jugements sont transcrits.

Si cela doit être ainsi, il est permis de se demander de quelle utilité est aujourd'hui la mention du jugement d'adjudication en marge de la transcription de la saisie? — D'aucune. Mais la loi nouvelle, dit-on, ne l'abroge pas expressément.

Si l'opinion de ceux qui soutiennent la nécessité de la transcription des jugements qui adjugent sur poursuite d'expropriation forcée, doit prévaloir, il faut reconnaître que le créancier hypothécaire ou privilégié peut inscrire jusqu'à la transcription de ces jugements, et alors il y a abrogation de la jurisprudence d'après laquelle, sous le Code civil comme sous l'ancienne législation, les jugements d'adjudication sur expropriation forcée purgeaient virtuellement et par eux-mêmes les priviléges et les hypothèques (autres que celles dispensées d'inscription) non inscrits au moment où ces jugements étaient rendus. C'est un point qui doit particulièrement attirer l'attention des juges-commissaires pour les ordres.

26. Nous avons vu plus haut (n° 18) que

le législateur de 1855 a laissé en dehors des dispositions nouvelles qu'il prescrivait le cas d'expropriation pour cause d'utilité publique. Les jugements d'expropriation rendus en cette matière ne sont donc point soumis à la nécessité de la transcription prescrite par l'art. 1er de la loi du 23 mars 1855; ils restent soumis aux règles de la loi spéciale du 3 mai 1841 qui ne prescrit la transcription à l'administration que pour la purge des priviléges et hypothèques pour la garantie du trésor public, ou afin de ne pas l'exposer à payer deux fois, et non en ce sens que les tiers soient recevables à se prévaloir de son omission.

2e Catégorie (art. 2, §§ 1, 2 et 3).

27. Le principe de la transcription, comme on l'a vu, avait été posé dans l'art. 26 de la loi du 11 brumaire an VII; cet article ne prescrivait la transcription que pour les transmissions d'immeubles et droits susceptibles d'hypothèque. Mais toutes les raisons qui commandaient avec tant de puissance la transcription du contrat de vente, de l'échange, de la donation entre-vifs, etc., se produisaient avec la même force pour faire ordonner la publicité de tous les démembrements et de toutes les charges qui altè-

rent la valeur vénale de l'immeuble et diminuent l'importance du gage offert au prêteur. Il est, en effet, aussi nécessaire de connaître les services fonciers et l'aliénation des revenus produits par la chose vendue ou donnée en hypothèque que de connaître les inscriptions hypothécaires dont elle est déjà frappée. *Exposé des motifs*. De là l'art. 2 de la loi qui soumet à la publicité :

28. 1° La constitution d'une *antichrèse* qui engage les revenus pendant un temps plus ou moins long ; la concession d'une *servitude* plus ou moins onéreuse, qu'elle soit continue ou discontinue, apparente ou non apparente, la loi ne distinguant pas ; la cession d'un droit d'*usage* ou d'*habitation* qui aliène à vie l'usage de l'immeuble vendu ou hypothéqué.

29. 2° La *renonciation aux droits* dont nous venons de parler même faite purement et simplement. La translation par voie de cession ou autrement de ceux de ces droits qui en seraient susceptibles, comme la cession de la créance munie d'antichrèse, n'est pas soumise à la transcription. L'art. 2 de la loi ne parle que de la *constitution* de ces droits, et l'art. 1er qui s'occupe de la *translation* de certains droits, ne parle que de ceux qui sont susceptibles d'hypothèque. C'est là une observation très-juridique

qui appartient à M. G. Bressolles, professeur à la Faculté de droit de Toulouse, auteur d'une savante *Explication* de la loi qui nous occupe.

3e Catégorie (art. 2, §§ 4 et 5).

30. Cette catégorie se compose, non de *droits réels* comme les deux premières, mais de droits *personnels*. Elle comprend :

1° Les baux (sans distinction entre les baux de biens ruraux et les baux des propriétés urbaines), *d'une durée de plus de dix-huit ans.*

2° *Tout acte ou jugement constatant, même pour bail de moindre durée, quittance ou cession d'une somme équivalente à trois années de loyers ou fermages non échus.*

Ce sont là les seuls *droits personnels* qui soient soumis à la transcription d'après les termes de la loi. La trop longue durée des baux ôte à la propriété l'un de ses principaux attributs pour le nouveau propriétaire, comme le paiement anticipé de termes trop nombreux rend la propriété simplement nominale pour l'acquéreur (*Rapp. au Corps Législatif*).

4e Catégorie (art. 4).

31. *Tout jugement prononçant la résolution, nullité ou rescision d'un acte transcrit, doit, dans*

le mois à dater du jour où il a acquis l'autorité de la chose jugée, être mentionné en marge de la transcription faite sur le registre du conservateur.

Toute discussion sur le caractère translatif de propriété que peuvent avoir ces jugements serait tout-à-fait oiseuse, puisque la loi met sur la même ligne et confond dans la même disposition tous les jugements prononçant soit la résolution, soit la nullité ou la rescision des contrats.

32. L'art. 4 de la loi nouvelle veut que le jugement dont il parle soit mentionné en marge de l'acte transcrit pour instruire les tiers que cet acte n'a plus de valeur et que la mutation qu'il constatait ayant disparu, le propriétaire primitif n'a pas cessé d'être propriétaire ; et il prescrit que cette mention soit faite, sous peine de 100 fr. d'amende, par l'avoué qui a obtenu le jugement, et dans le mois où ce jugement a acquis l'autorité de la chose jugée. La formalité s'opère sur la production d'un bordereau, rédigé et signé par l'avoué et dont le conservateur doit fournir un récépissé. Quand il s'agit d'un jugement rendu par le Tribunal de première instance, c'est l'avoué qui a obtenu le jugement qui doit rédiger le bordereau. En cas d'appel, que l'arrêt soit confirmatif ou infirmatif, c'est l'avoué qui a occupé devant la Cour qui est spécialement chargé de cette formalité.

La responsabilité pèse sur l'avoué qui a obtenu la *dernière décision*, celle qui a acquis l'autorité de la chose jugée. L'avoué a droit : 1° à un émolument pour la rédaction de l'extrait basé par analogie sur le § 26 de l'art. 92 du décret du 16 février 1807, et 2° à une vacation au dépôt de l'extrait aussi par analogie de ce qui a lieu, lorsqu'il provoque, en conformité de l'art. 716 du Cod. de proc., la mention sommaire du jugement d'adjudication en marge de la transcription de la saisie (Ord., 10 octobre 1841, art. 7, § 5). Ces frais ainsi que ceux de la mention du jugement au bureau des hypothèques doivent être supportés par le propriétaire dépossédé. C'est une conséquence du jugement qui prononce la résolution.

33. On a prévu le cas où l'avoué aurait négligé de faire opérer la mention du jugement, et l'on s'est demandé quelle serait la position des tiers à qui l'acquéreur aurait concédé des droits après le délai fixé pour remplir la formalité. Ces tiers pourraient-ils se prévaloir du défaut de mention pour conserver leurs droits? — Cette question qui est de nature à se présenter quelquefois dans la pratique, est déjà controversée. M. Duvergier, dans ses *Annotations* sur la loi nouvelle, croit qu'il est conforme à la pensée qui a présidé à toute la loi, de faire

de la mention du jugement une nécessité à l'égard des tiers, sauf à laisser se débattre entre l'avoué et son client la question de responsabilité. Mais, en général, les autres commentateurs pensent que les tiers ne peuvent être admis à se prévaloir du défaut de mention: de ce nombre est M. G. Bressolles qui fait résulter les raisons de décider dans le sens de cette opinion : « 1° de ce que ce serait donner à la transcription un effet sanatoire qu'elle ne saurait produire; 2° de ce qu'il a été formellement et très-juridiquement énoncé dans les travaux préparatoires que la validité du jugement ne saurait dépendre de la publicité qu'il recevrait (Rapp. au *Corps Législatif*, p. 23); 3° de la place même de l'art. 4 qui ne vient qu'après l'article majeur de la loi où se trouve la plus énergique protection des tiers; 4° de la simple pénalité pécuniaire prononcée contre l'avoué qui a obtenu le jugement et à laquelle les tiers pourraient joindre seulement une action en dommages; 5° enfin de ce que les tiers ne sont pas plus dignes d'intérêt que ceux qui ont traité, même avant la demande, et que le jugement atteint cependant (1). »

(1) Voyez pourtant sur ce dernier point vivement combattu, Marcadé, tom 5, p. 192.

34. Nous venons de lire les mots *action en dommages* contre les avoués. Quelle serait la solution de la question sous le rapport de cette responsabilité ? Il nous semble que la responsabilité de l'avoué qui aurait omis de faire faire la mention prescrite par l'art. 4 de la loi, ne pourrait être engagée dans aucun cas, soit vis-à-vis de son mandant, soit vis-à-vis des tiers. — D'abord *vis-à-vis des tiers*, parce qu'il n'a reçu d'eux aucun mandat, et que, dès-lors, il ne peut être comptable à leur égard. Sans doute, l'avoué est en faute; mais comme la loi ne parle que d'une amende de 100 fr., et ne réserve pas par une disposition expresse l'action de dommages-intérêts en faveur des tiers, il ne saurait être tenu vis-à-vis d'eux. — *Vis-à-vis de son mandant*, parce que dans le cas où le bénéficiaire serait privé des avantages du jugement faute par l'avoué d'avoir rempli la formalité de la mention dans le délai, ce bénéficiaire ne devait point se confier exclusivement à un mandat que la loi a donné à l'avoué dans l'intérêt des tiers plutôt que dans le sien.

2° *Mode de procéder à la transcription.*

35. C'est au bureau des hypothèques de la situation des biens (art. 1), c'est-à-dire de

l'arrondissement où ils sont situés, que la transcription doit avoir lieu. Si le même acte contient la vente d'immeubles situés dans des bureaux différents, il faut autant de transcriptions qu'il y a de bureaux.

36. L'accomplissement de cette formalité entraîne des frais. Ces frais, comme tous les droits d'hypothèque en général, se composent de deux éléments bien distincts, les droits du trésor et le salaire du conservateur.

Les droits du trésor comprennent le *droit de transcription* ou *droit proportionnel* et le *droit de timbre.*

La loi du 28 avril 1816 qui est toujours en vigueur, ayant ordonné qu'à l'avenir le droit proportionnel de transcription serait perçu au moment de l'enregistrement des actes, a établi en même temps un simple *droit fixe* d'hypothèque à percevoir au moment de la transcription. Ce droit fixe est de 1 franc (art. 61); il est perçu indistinctement sur tous les actes qui ont acquitté le droit proportionnel à l'enregistrement, quelle que soit leur importance; et l'art. 12 de la loi du 23 mars 1855 dispose que, jusqu'à ce qu'une loi spéciale détermine les droits à percevoir, la transcription des actes ou jugements qui n'étaient pas soumis à cette formalité avant cette loi, doit être faite moyennant le même droit fixe de 1 franc. Ainsi, les actes constitutifs d'antichrèse, les baux amphytéotiques temporaires, les baux de plus de dix-huit ans, les quittances ou jugements constatant quittance ou cession d'une somme équivalente à plus de trois années de loyers ou fermages non échus, qui n'étaient pas, avant la loi nouvelle, soumis à la formalité, ne sont assujettis qu'au paiement du droit fixe de 1 franc, indépendamment du salaire du conservateur.

Le second droit du trésor est celui du *timbre;* il a pour base la dimension du papier dont il est fait usage.

Après les droits du trésor vient le salaire du conservateur qui entre dans les frais de transcription; il est payé d'après la longueur du contrat transcrit. Ce salaire avait été fixé par le nº 7 du tableau annexé au décret du 21 septembre 1810 à 1 franc par rôle d'écriture contenant vingt-cinq lignes à la page et dix-huit syllabes à la ligne; mais la moitié de cette somme était attribuée au trésor par l'art. 1er de l'ordonnance du 1er mai 1816. Un décret du 24 novembre 1855, promulgué pour l'exécution de la loi du 23 mars, a supprimé cet article et réduit à 50 c., qui formaient la rémunération personnelle des conservateurs, le rôle d'écriture de vingt-cinq lignes à la page et de dix-huit syllabes à la ligne; de telle sorte que le salaire de ces employés n'éprouve aucune réduction.

Pour l'enregistrement d'ordre à leur registre des bordereaux prescrits par l'art. 4 de la loi du 23 mars et la mention du jugement en marge de la transcription, les conservateurs sont autorisés à percevoir le salaire de 1 franc comme pour les mentions prévues aux art. 693, 716 et 748 du Code de procédure civile (Ord. du 10 octobre 1841, art. 2; *Inst. de la régie* du 24 novembre 1855).

37. D'après le mode jusqu'à présent universellement suivi, ce sont les expéditions des actes de nature à être transcrits que l'on présente à la formalité de la transcription. Cette manière de procéder prend sa base dans l'art. 27 de la loi du 11 brumaire an VII portant que « le conservateur des hypothèques certifie *au bas de l'expédition* qu'il rend à l'acquéreur la transcription qui est faite. » D'ailleurs, la transcription ne pourrait s'opérer sur la minute d'un acte notarié sans violer la disposition de l'art. 22 de la loi du 25 ventôse an XI qui défend aux notaires de se dessaisir d'aucune minute, si ce n'est dans les cas prévus par la loi et *en vertu d'un jugement;* car la transcription, si elle avait lieu sur la minute, impliquerait nécessairement le dessaisissement de cette mi-

nute, puisque l'art. 2200 du Code Napoléon ordonne expressément la *remise* au conservateur de l'acte à transcrire.

38. Il ne suffit pas de savoir où et comment la transcription doit se faire; il importe aussi de connaître à qui incombe le soin de la faire opérer. La loi n'impose point au notaire de soumettre ses actes à la transcription (voyez Troplong, *Comment.* de la loi de 1855, nº 138 et suiv.), comme elle les oblige de les soumettre à la formalité de l'enregistrement, et en cela elle les a exonérés d'une grande charge, surtout ceux qui sont éloignés de la conservation. Elle laisse, en général, le soin de remplir la formalité aux parties intéressées elles-mêmes, c'est-à-dire aux acquéreurs d'après les contrats ou jugements à transcrire, à ceux en faveur de qui une renonciation a eu lieu ou qui doivent en profiter; au preneur, en matière de baux et paiement de termes anticipés, et, si la transcription intéresse des incapables, aux maris, aux tuteurs, etc. (arg. art. 940 du Code Napoléon). — Si l'une des parties intéressées requiert la formalité, elle est censée faite pour tous, sauf à s'en faire rembourser les frais par les autres (arg. art. 2155 du Code Napoléon).

39. Les mutations par actes entre-vifs, les démembrements ou modifications du droit de

propriété et les annulations de contrats devant être rendus publics à l'aide des registres des conservateurs, il fallait faire connaître comment les tiers seraient fixés sur ce point, dans le cas où ils voudraient acquérir la preuve que le possesseur est encore propriétaire, que son droit de propriété n'a subi aucune modification, aucune altération entre ses mains; l'art. 5 de la loi y pourvoit de manière à alléger les frais autant que possible. Il oblige le conservateur à délivrer un état spécial ou général, suivant que le requérant le désire. La loi dit un *état spécial*, parce qu'elle a eu pour but de faire comprendre que l'on a le droit de désigner au conservateur la transcription dont on désire avoir la copie, à l'exclusion de toutes les autres qui auraient pu avoir lieu relativement au même immeuble (Rapport de M. Debelleyme.)

40. On peut demander la copie d'*une seule transcription*, nous venons de le dire; mais, s'il existe en marge une mention constatant l'annulation d'une mutation transcrite, ou s'il existe une transcription postérieure, soit aux mêmes fins, soit translative au profit d'un autre, de sorte que le droit de propriété n'existe plus au profit de la personne annoncée par la transcription, le conservateur ne peut se dispenser alors de délivrer l'une sans l'autre, puisque, sans cette

adjonction, il ne ferait pas connaître toute la vérité et pourrait induire les tiers en erreur.

Les états de transcription doivent contenir *copie* des actes transcrits. On ne saurait exiger que les conservateurs délivrent simplement des extraits de ces actes. Le législateur ne pouvait, en effet, leur imposer l'obligation d'analyser les actes, de résumer fidèlement les clauses qui peuvent intéresser les tiers, parce que c'eût été les exposer à des erreurs engageant leur responsabilité.

3° *Effets de la transcription.*

41. Le législateur, après avoir prescrit la transcription, établit la sanction de la mesure qu'il a ordonnée; il dit (art. 3 de la loi) que les droits résultant des actes et jugements non transcrits, ne pourront être opposés aux tiers; il détermine ensuite les tiers auxquels ces actes et ces jugements ne seront pas opposables : ce sont, dit-il, ceux *qui ont des droits sur les immeubles et qui les ont conservés en se conformant aux lois*, par exemple, un tiers acquéreur, un donataire ayant reçu un immeuble déjà aliéné ou démembré par un acte à titre onéreux, un créancier hypothécaire, mais non des créanciers chirographaires, puisqu'ils n'ont pas des droits sur l'im-

meuble; à leur égard, l'aliénation est censée consommée, même avant la transcription.

42. Il n'est pas nécessaire que les droits dont parle l'art. 3 de la loi soient acquis, pour pouvoir être opposés aux tiers, au moment où intervient l'acte ou le jugement; il suffit qu'ils soient acquis avant la transcription. M. Rouher, *commissaire* du gouvernement, a présenté, en termes clairs, lors de la discussion, le véritable sens de la loi sur ce point, et a mis en évidence le principe sur lequel elle repose : « Dans toute hypothèse, a-t-il dit, qu'il s'agisse d'une vente ou d'une hypothèque judiciaire ou conventionnelle, la question sera résolue par la date de la transcription. Si un premier acquéreur n'a pas fait transcrire son contrat, si un créancier n'a pas pris inscription, ils ne seront pas protégés contre les effets d'une vente, *même postérieure, qui aurait été transcrite;* s'ils ont fait transcrire ou pris l'inscription antérieurement à la transcription de cette seconde vente, leur droit sera consacré. »

43. Il résulte, suivant nous, de l'esprit qui a inspiré au législateur la disposition de l'art. 3, que les tiers dont parle cet article sont uniquement ceux qui tiennent leurs droits du vendeur, et que les tiers dont les droits procèdent du chef de l'acquéreur sont restés en de-

hors de ses prévisions. Cette précision est importante, parce que, dans le cas de plusieurs ventes successives du même immeuble, il peut y avoir lutte entre le second acquéreur du *propriétaire originaire* et le sous-acquéreur du premier acquéreur de ce dernier. — Pour être plus intelligible, nous supposerons l'espèce suivante que nous avons trouvée dans une dissertation de M. L. Combe, l'un des savants rédacteurs du *Journal du notariat* : *Primus* a vendu un immeuble à *Secundus* qui le revend à *Tertius* sans qu'il ait fait transcrire son contrat; *Tertius* fait transcrire le sien. *Primus* revend l'immeuble déjà aliéné par lui à *Quartus* qui lui en paie le prix après s'être assuré qu'il n'y a aucune transcription précédente du chef de son vendeur. *Quartus* fait transcrire son contrat; mais cette transcription n'arrive qu'après celle de *Tertius*. Quelle sera la position respective de ces deux acquéreurs?

D'après l'art. 3 de la loi, jusqu'à la transcription du contrat de vente, le vendeur est censé avoir conservé vis-à-vis des tiers la propriété de l'immeuble aliéné; il peut donc l'aliéner de nouveau. S'il en est ainsi, la première vente non transcrite, celle consentie à *Secundus*, ne pourra être opposée à *Quartus* qui a acquis des droits sur l'immeuble et qui les a conservés par la transcription. Mais, dira-t-on, *Tertius* a fait transcrire son contrat avant que *Quartus* ait fait transcrire le sien. Qu'importe! ce sous-acquéreur (*Tertius*) ne peut avoir plus de droits que son vendeur (*Secundus*) n'en avait lui-même. Sans doute, la transcription qu'il a fait opérer du contrat intervenu entre eux aura pu faire disparaître (voyez *infrà,* nº 46), aux termes de l'art. 6 de la loi, le privilége non inscrit du premier vendeur (*Primus*); mais elle sera sans effet vis-à-vis de *Quartus* qui tient son droit de l'art. 3. — S'il en était autrement, ce dernier serait victime de sa bonne foi. Lorsqu'il a acquis, rien ne pouvait lui faire soupçonner la première vente consentie par son vendeur, puisqu'il n'y en avait aucune trace au bureau des hypothèques. Les comptes étant ouverts aux personnes et non aux propriétés, le certificat du conservateur n'a pu lui révéler ni la première vente (celle consentie à *Secundus*) qui n'a pas été transcrite, ni la seconde (celle de *Secundus* à *Tertius*), dans laquelle son vendeur n'a pas été partie. On n'a donc aucune imprudence à lui reprocher, tandis qu'il y en a de la part de *Tertius* qui a à s'imputer d'avoir traité sur un contrat de vente non transcrit.

44. La solution devrait être la même si, au lieu d'une seconde vente, le premier vendeur

avait, dans les mêmes circonstances, contracté des dettes et hypothéqué pour leur sûreté l'immeuble déjà vendu. Ainsi, tant qu'il n'y avait pas de transcription de la vente, les créanciers hypothécaires du vendeur auront pu acquérir des droits sur l'immeuble et pourront opposer le défaut de transcription. Conséquemment, ces créanciers primeront ceux auxquels l'acquéreur aurait pu consentir des hypothèques. Peu importe que leurs inscriptions soient antérieures à celles des créanciers du vendeur, parce que ceux qui les ont requises ne peuvent avoir plus de droits que l'acquéreur n'en avait lui-même vis-à-vis des créanciers de son vendeur. Comme *Tertius*, dans l'hypothèse ci-dessus, ils ont à s'imputer d'avoir traité avec un acquéreur qui n'avait point fait transcrire son contrat.

45. Deux individus ont acquis les mêmes droits soumis à la transcription; ils remplissent le même jour la formalité, mais le registre des dépôts ne fournit aucune indication sur celui des deux actes qui a été présenté le premier. On ne peut ici, comme en matière d'inscriptions hypothécaires (art. 2147 du Code Napoléon), les faire venir en concurrence. Quel est celui des deux acquéreurs qui sera préféré? Il y en a qui veulent que la préférence appartienne au *plus ancien en date*. Nous ne pouvons être de leur

avis. A défaut d'indication précise, mathématique, de *l'heure*, du *moment* où les deux acquéreurs se sont présentés, *en fait*, à la transcription, la présomption est que l'acquéreur dont le titre est d'abord mentionné sur le registre d'ordre, s'est présenté le premier, fût-il le dernier en date quant à son acquisition. Il n'est pas dans la nature des choses que le premier acquéreur se soit présenté avant le dernier. Toute la nouvelle loi suppose la possibilité d'un fait contraire.

§ 2. — De l'inscription des priviléges et hypothèques interdite après la transcription.

46. Les modes de publicité exigés pour la conservation du droit d'hypothèque ou de privilége immobilier devaient être, en général, employés, d'après le Code Napoléon, avant que l'immeuble grevé fût sorti des mains du débiteur; et cette règle s'appliquait soit aux cas d'expropriation forcée, soit à ceux d'aliénation volontaire. Le Code de procédure modifia cette règle pour les cas d'aliénation volontaire. Par son art. 834, il accorda aux créanciers hypothécaires ou privilégiés la faculté de s'inscrire dans la quinzaine de la transcription de l'acte d'aliénation, et leur fit une obligation de s'in-

scrire dans ce délai pour conserver le droit de suite et le droit de préférence. Les copartageants seuls avaient, toujours d'après le Code (article 2109), le délai de soixante jours depuis le partage pour la conservation de leur droit de préférence seulement. — Quant aux cas d'expropriation forcée, le Code Napoléon ne fut point changé par le Code de procédure. C'était toujours *avant l'adjudication* que tout créancier, soumis à la publicité, devait être en règle; sans cela, point de préférence à l'encontre des autres créanciers. L'art. 834 C. proc., en cas d'aliénation volontaire, supposait, par fiction, qu'à l'*égard des tiers* et pour ce qui concernait seulement la condition de publicité hypothécaire, l'ancien propriétaire, ayant des créanciers hypothécaires ou privilégiés, ne cessait de l'être définitivement que quinze jours après la transcription de l'acte d'aliénation. Le point d'arrêt de la loi nouvelle, soit pour les ventes volontaires, soit pour les ventes forcées (voyez *suprà*, n°25), n'est plus le même. D'après cette loi, il n'y a plus deux situations diverses sous ce rapport; la règle est *une* : c'est la transcription elle-même qui arrête et fixe l'état hypothécaire de l'immeuble. En effet, l'art. 6, §§ 1 et 3, porte : « A partir de la transcription, les créanciers privilégiés ou ayant hypothèque, aux termes des art. 2123, 2127 et 2128 du Code Napoléon, ne peuvent prendre utilement inscription sur le précédent propriétaire... Les art. 834 et 835 du Code de procédure civile sont abrogés. »

47. Remarquons qu'il n'est question, dans le § 1er de cet article, que des créanciers ayant des hypothèques soumises à l'inscription, judiciaires (art. 2123), conventionnelles (art. 2127, 2128), ou des hypothèques légales non dispensées d'inscription, telles que celles de l'Etat (art. 2121), celles des légataires (art. 1017). L'hypothèque légale de la femme mariée, du mineur, de l'interdit, dispensée d'inscription, reste sous l'empire de l'art. 2194 et peut être inscrite dans les deux mois à compter du jour où l'aliénation de l'immeuble a été rendue publique, suivant les formes établies par cet article.

48. Le § 1er de l'art. 11 relatif aux *dispositions transitoires*, porte que les art. 1, 2, 3, 4 et 9 de la loi ne sont pas applicables aux actes ayant acquis date certaine et aux jugements rendus avant le 1er janvier 1856. Leur effet est réglé par la législation sous l'empire de laquelle ils sont intervenus. Ce premier alinéa de l'art. 11, ne mentionnant pas l'art. 6, il s'ensuit que les créanciers privilégiés ou ayant hypothèque

conventionnelle ou judiciaire qui n'avaient pas fait inscrire leurs créances, ont dû le faire par précaution avant le 1er janvier 1856; car si après cette époque le propriétaire a vendu les immeubles affectés à leurs créances, ils n'ont pu, à partir de la transcription de l'acte de vente, prendre utilement inscription ni sur lui ni sur les précédents propriétaires.

49. Donc, avant de colloquer, le juge chargé de procéder à un règlement d'ordre doit examiner par quelle loi sont régis les droits hypothécaires des créanciers produisants.

L'immeuble dont il s'agit de distribuer le prix, a-t-il été exproprié? — Le créancier hypothécaire ou privilégié, soumis à publicité, a dû, depuis la loi nouvelle, être inscrit, pour pouvoir produire utilement à l'ordre, non comme antérieurement *avant l'adjudication*, mais seulement *avant la transcription* du jugement d'adjudication. — L'immeuble a-t-il été aliéné volontairement? — Il faut que le créancier, sauf l'exception du vendeur et du copartageant dont nous parlerons bientôt, ait rempli la formalité également *avant la transcription* de l'acte d'aliénation. Dans ces divers cas, le juge doit s'assurer par le certificat du conservateur que dans l'intervalle indispensable entre l'acte constitutif de l'hypothèque et son inscription, il n'est pas survenu de transcription d'actes ou de jugements contenant l'aliénation de l'immeuble hypothéqué; car il suffirait *d'un jour* pour qu'une transcription intervînt et anéantît l'hypothèque.

50. S'agit-il de créanciers ayant acquis hypothèque conventionnelle ou judiciaire avant le 1er janvier 1856 et qui n'auraient point fait encore inscrire leurs créances à cette époque? — Il faut rechercher si la transcription de l'acte de vente de l'immeuble affecté à leurs créances a eu lieu depuis plus de quinzaine avant le 1er janvier 1856 ou depuis un temps moindre : dans le premier cas, les créanciers ont perdu, d'après même le droit en vigueur sous le Code de procédure civile, la faculté de s'inscrire utilement (art. 834); ils ne sont plus que créanciers chirographaires. Dans le second cas, ils ont pu inscrire leurs créances, mais seulement pendant le temps qui restait à courir, après le 1er janvier 1856, pour compléter le délai de quinzaine commencé avant cette époque. L'art. 6 de la loi nouvelle n'a pu leur enlever, sans rétroagir, un droit qui leur était acquis au moment de sa promulgation.

51. Si la vente a eu lieu après le 1er janvier 1856, les créanciers dont nous parlons peuvent avoir perdu encore leur qualité de créanciers

hypothécaires. En effet, si depuis cette époque l'acquéreur a revendu l'immeuble hypothéqué, ils n'ont pu, à dater de la transcription de l'acte de revente, prendre utilement inscription ni sur lui ni sur les précédents propriétaires, parce que, d'un côté, l'art. 6 n'est pas compris, ainsi que nous l'avons déjà fait observer, au nombre de ceux que la première disposition de l'art. 11 déclare ne pas être applicables aux actes ayant acquis date certaine avant le 1er janvier 1856, et que, de l'autre, l'art. 834 du Code de procédure est abrogé par la disposition finale de l'art. 6.

52. S'il s'agit de la vente de biens dépendant de l'actif d'une faillite, comme c'est la loi spéciale du Code de commerce qui doit dans ce cas régler le sort des hypothèques et des priviléges constitués sur ces biens, il faut rapprocher les dispositions des art. 446 et 448 du Code de commerce, de celles de la loi du 23 mars 1855; car cette loi n'a point modifié la loi commerciale quant aux délais accordés pour l'inscription des priviléges et hypothèques obtenus dans les temps suspects d'une faillite, toujours d'après la règle que *leges generales non debent extendi ad leges quæ habent suam particularem provisionem* (Dumoulin, *ad leg. Modestinus ff. de soluto*, nº 19). Ainsi, le vendeur qui,

même sans aliénation postérieure, laisse écouler plus de quinze jours entre la date de l'acte de vente et celle de l'inscription (art. 448 du Code de commerce), peut être déchu de son privilége, si son inscription postérieure à cette quinzaine a été faite dans les dix jours précédant la cessation de paiement de la part de l'acquéreur.

53. L'ordre est-il ouvert pour distribuer le prix d'un immeuble exproprié en vertu de la loi du 3 mai 1841 ? — Nous avons dit, nos 18 et 26, que le cas d'expropriation pour cause d'utilité publique restait en dehors des prévisions de la loi nouvelle. Conséquemment, les créanciers privilégiés ou hypothécaires ne sont point déchus de la faculté de prendre inscription dès le moment même et par le seul fait de la transcription du jugement d'adjudication ou des conventions amiables. Ces créanciers doivent continuer à jouir, pour l'inscription de leurs priviléges ou hypothèques, du délai de quinzaine que leur accorde l'art. 17 de la loi du 3 mai 1841.

54. Nous terminerons ce que nous avions à dire sur le § 1er de l'art. 6 de la loi du 23 mars, par cette question : Si lorsqu'une hypothèque est inscrite sur un immeuble le jour où la transcription est effectuée, l'inscription doit obtenir la priorité sur la transcription ? — En l'absence de tout document légal constatant l'antériorité

de la remise au conservateur du bordereau d'inscription et de l'acte à transcrire, on a voulu que la date des titres fût consultée, et l'on a donné ainsi la préférence à l'inscription. Sans doute cette solution est arbitraire, car il est possible, en fait, que l'acte d'aliénation ait été présenté au conservateur pour être transcrit avant que le créancier se soit présenté pour faire inscrire sa créance. Toutefois, la loi (art. 2147 du Code Napoléon) n'ayant point voulu, dans le cas de plusieurs créanciers inscrits le même jour, faire dépendre la préférence de la priorité de l'heure, a nécessairement supposé que toutes les inscriptions avaient été remises dès le premier moment utile du jour ; et alors nous concevons que, par application de cette règle, l'on ait donné à l'inscription dont il s'agit la préférence sur la transcription.

55. Nous avons vu que la transcription est l'extrême limite en deçà de laquelle les créanciers privilégiés ou ayant hypothèque, aux termes des art. 2123, 2127 et 2128 du Code Napoléon, peuvent prendre inscription. Il n'est fait que deux exceptions à cette règle de l'art. 6 de la loi : la première relative au vendeur, la seconde afférente au copartageant. « Néanmoins, porte le deuxième § de cet article, le vendeur ou le copartageant peuvent utilement inscrire

les priviléges à eux conférés par les art. 2108 et 2109 du Code Napoléon dans les quarante-cinq jours de l'acte de vente ou de partage, nonobstant toute transcription d'actes faite dans ce délai. »

56. Tant que l'immeuble vendu reste entre les mains de l'acquéreur, le vendeur n'a aucune inscription à prendre pour conserver son privilége, alors même que le contrat n'aurait pas été transcrit. Les hypothèques dont l'acquéreur grèverait l'immeuble vendu ne peuvent jamais prévaloir contre le vendeur qui, vis-à-vis des tiers, est encore réputé propriétaire. Mais il n'en est pas de même pour le cas où l'immeuble a été revendu. Le privilége du premier vendeur doit nécessairement être inscrit lors de la transcription du nouveau contrat de vente; il ne peut être utilement inscrit après cette transcription qu'autant que l'on serait encore dans les quarante-cinq jours de la vente qui donne lieu au privilége.

57. On s'est demandé sur ce point si l'art. 6 de la loi du 23 mars a dérogé à l'art. 2108 du Code Napoléon qui impose au conservateur de prendre, lors de la transcription d'un acte de vente, une inscription d'office. La discussion qui a eu lieu à l'occasion de cet article, ne paraît pas laisser de doute à cet égard. L'art. 6 de

la loi du 23 mars ne prononce l'abrogation que des art. 834 et 835 du Code de procédure civile. Il laisse donc complètement intact l'art. 2108 du Code Napoléon. Il résulte seulement de cet article que si l'acquéreur ne fait pas transcrire son contrat, le vendeur doit, pour conserver en tout évènement son privilége, le faire inscrire lui-même dans le délai que nous avons fait connaître *suprà*, nº 56. Mais si l'acquéreur fait transcrire, le conservateur doit, comme par le passé, faire l'inscription d'office, conformément à l'art. 2108.

58. D'après les dispositions de l'art. 2127 du Code Napoléon, l'inscription ne peut être prise qu'en vertu d'un acte authentique. De là, on s'est encore demandé si le vendeur peut valablement prendre son inscription de privilége en vertu d'un acte sous seing privé. — Si l'acte de vente sous seing privé a été *transcrit*, et nous avons vu plus haut (nº 8) que les actes de vente de cette nature peuvent être présentés à cette formalité, il n'y a pas d'inscription à prendre, puisque, au moment de la transcription, le conservateur des hypothèques a inscrit d'office le privilége. Si, au contraire, l'acte de vente n'a pas été transcrit, il nous paraît incontestable que le vendeur peut, en vertu de l'art. 6 de la loi nouvelle, prendre inscription pour son privi-

lége dans le délai légal. La loi ne distingue pas. L'inscription du privilége prise dans ce cas par le vendeur tient lieu de l'inscription d'office que le conservateur aurait faite si la transcription avait eu lieu (Cass., 6 juillet 1807; Toulouse, Trib. civ., 1re ch., 6 janvier 1857 ; Troplong, *Des hypothèques*, tom. 1er, no 285 *bis*).

59. Nous avons dit que les contrats de vente qui ont acquis date certaine avant l'époque à laquelle la nouvelle loi est devenue exécutoire (1er janvier 1856), n'ont pas besoin, d'après l'art. 11 de la loi, d'être transcrits pour être opposables aux tiers. Toutefois, si le vendeur n'était pas alors payé de son prix, il a dû par précaution, pour conserver son privilége, le faire inscrire; car si, après cette époque, l'acquéreur a revendu l'immeuble, la transcription du contrat de revente aura eu pour effet immédiat de dépouiller le premier vendeur de son privilége, à défaut d'inscription antérieure à cette transcription (voyez *suprà*, no 48).

60. Il en serait de même dans le cas où la revente aurait eu lieu avant le 1er janvier 1856, mais revente dont la transcription n'aurait été opérée que depuis cette époque. Le privilége du premier vendeur n'était point éteint au 1er janvier 1856, puisque l'acte de revente n'avait pas été alors transcrit; ce privilége reste, dès-lors, soumis

aux dispositions de l'art. 6 de la loi nouvelle.

61. Si la revente a été faite avant le 1er janvier 1856 et transcrite moins de *quinze jours* avant cette époque, le précédent vendeur aura pu utilement inscrire son privilége avant l'expiration de la quinzaine de cette transcription, bien qu'après le 1er janvier 1856, parce que la transcription de l'acte de revente ayant été opérée sous la législation antérieure à la loi du 23 mars, le précédent vendeur a dû profiter, pour l'inscription de son privilége, du délai de quinzaine accordé par l'art. 834 du Code de procédure civile à partir de la transcription de l'acte de revente.

62. Dans le cas où, au premier janvier 1856, l'acte de vente dont il s'agit de conserver le privilége n'avait point encore quarante-cinq jours de date, le vendeur a pu, d'après la disposition du § 2 de l'art. 6, inscrire utilement son privilége dans ce délai à dater du 1er janvier 1856, nonobstant la transcription d'un acte de revente faite dans le cours de ce même délai. Nous croyons qu'il ne serait pas raisonnable de restreindre le délai de quarante-cinq jours à la portion restant à courir après le 1er janvier 1856 en partant de l'acte de vente, parce qu'on ne doit pas compter le temps qui s'est écoulé avant que la loi nouvelle fût devenue exécutoire.

63. Un député, lors de la discussion de la loi, avait posé cette question : si la transcription du dernier contrat de vente suffirait pour opérer la purge au profit de l'acquéreur relativement aux précédents propriétaires dont les noms seraient mentionnés dans le contrat. Les organes du gouvernement et de la commission répondirent que c'était là une question de régime hypothécaire qui divise les Cours et que la loi n'avait point mission de décider. Un membre de la commission fit observer, aü contraire, « que la question lui paraissait résolue par la loi, qui dit clairement que la transcription opère la purge à l'égard de tous ceux qui n'ont pas fait inscrire antérieurement leurs droits (1). » D'après cette opinion, soit qu'il s'agisse du privilége des précédents propriétaires, ou, dans le cas de plusieurs ventes successives, de créanciers ordinaires qui n'auraient point fait inscrire leurs créances sur un des propriétaires successifs dont l'acquéreur immédiat n'a pas transcrit, les créanciers privilégiés ou simplement hypothécaires sont déchus du droit d'inscrire, s'ils ne l'ont pas fait avant la transcription du dernier contrat. Cette transcription purge, en effet,

(1) Ce cas est différent de celui dont nous nous sommes occupé sous les nos 43 et 44.

l'immeuble vendu des priviléges et des hypothèques non inscrits du chef des précédents propriétaires; elle entraîne forclusion à l'encontre de tous les créanciers négligents qui n'ont pas rempli les formalités tracées par la loi pour conserver un droit de suite sur l'immeuble. L'opinion contraire ruinerait totalement le système de la loi nouvelle qui est de renseigner l'acquéreur qui transcrit, sur le véritable état hypothécaire de l'immeuble et de le rassurer contre toute inscription occulte antérieure.

64. Ce que nous avons dit ci-dessus pour le vendeur, d'après le § 2 de l'art. 6 de la loi, s'applique au copartageant pour l'inscription de son privilége à raison des soulte et retour de lots ou pour le prix de la licitation. Ainsi, le copartageant n'a plus aujourd'hui, comme autrefois, deux délais : l'un vis-à-vis de l'acquéreur pour faire inscrire son droit de suite (art. 834 du Code de procédure civile); l'autre vis-à-vis des autres créanciers pour faire inscrire son privilége (art. 2109 du Code Napoléon). Si, après la transcription de la vente, il n'a pas fait inscrire son privilége dans le délai fixé par l'art. 6 de la loi du 23 mars, il n'a ni plus ni moins de droits qu'un créancier chirographaire.

§ 3. — De l'action résolutoire du vendeur.

65. Avant la nouvelle loi et d'après le Code Napoléon, le vendeur avait deux garanties quand il n'était pas payé : le privilége et l'action résolutoire. Mais il y avait cette différence que, pour conserver son privilége, il devait le faire inscrire, tandis que, pour l'action résolutoire, il n'était assujetti à aucune formalité. Que résultait-il de là? Lorsqu'un vendeur négligent avait perdu son privilége, il lui restait encore le droit de demander pendant trente, vingt ou dix ans, suivant les circonstances (art. 2262 et 2265 du Code Napoléon), la résolution de la vente qu'il avait consentie, et d'anéantir ainsi tous les actes postérieurs souscrits par son acquéreur. C'était là une anomalie que la nouvelle loi a eu pour but de faire cesser. L'art. 7 de cette loi porte, en effet : « L'action résolutoire établie par l'art. 1654 du Code Napoléon ne peut être exercée, après l'extinction du privilége du vendeur, au préjudice des tiers qui ont acquis des droits sur l'immeuble du chef de l'acquéreur et qui se sont conformés aux lois pour les conserver. » Ainsi, aujourd'hui, le droit de résolution n'est plus comme autrefois inhérent à la qualité du vendeur. Pour être efficace vis-à-vis des tiers, il est

subordonné à la condition essentielle de la publicité. D'après notre article, l'action résolutoire ne peut être exercée après l'extinction du privilége du vendeur. Nous avons indiqué plus haut le délai dans lequel doit s'inscrire le privilége et par conséquent le droit de résolution du vendeur. Lorsque celui-ci fait inscrire son privilége, il inscrit en même temps son action résolutoire. En conservant le premier, il maintient la seconde. Si, au contraire, le vendeur ne s'est pas inscrit dans le délai, ou si son inscription est périmée sans renouvellement, déchu qu'il est du privilége, il l'est de son action en résolution. Il en serait de même dans le cas où le privilége serait éteint d'une autre manière. Or, le privilége peut s'éteindre, aux termes de l'art. 2180 du Code Napoléon, par l'extinction de l'obligation principale, par la renonciation du créancier expresse ou tacite, par la prescription.

66. La nouvelle règle n'apporte aucune modification à l'action résolutoire du vendeur contre son acquéreur resté propriétaire de l'immeuble. De même que tant que l'immeuble ne sort pas des mains de l'acheteur, le vendeur n'a rien à faire pour conserver son privilége, de même, tant qu'il n'y a pas eu aliénation, l'action résolutoire demeure sauve et intacte en faveur du vendeur contre l'acheteur, si la pres-

cription n'est pas encourue : c'est la disposition du Code Napoléon qui n'est pas changée. Ce n'est que lorsqu'il y a eu aliénation de l'immeuble non payé que la nouvelle règle exerce son influence en faveur des tiers qui ont rempli les formalités pour consolider leur droit; et ces tiers sont, soit les acquéreurs postérieurs de l'immeuble, soit les créanciers hypothécaires de ceux-ci.

67. Le § 4 de l'art. 11 qui règle les effets transitoires de la loi du 23 mars, a prévu le cas de l'extinction du privilége du vendeur au jour de la promulgation de cette loi. Afin que la loi nouvelle, a dit le rapporteur, pût porter immédiatement ses fruits, et que l'on ne restât pas pendant trente ans, à partir de sa publication, sous le coup d'actions résolutoires ayant pris naissance avant cette époque, le § précité a accordé au vendeur dont le privilége se serait trouvé éteint au 1er janvier 1856, un délai de six mois à partir de cette époque pour inscrire utilement vis-à-vis des tiers l'action résolutoire qui pouvait lui appartenir, aux termes de l'art. 1654 du Code Napoléon : singulière anomalie que présentent ainsi les dispositions combinées des art. 6 et 11, § 4, de la loi, puisque le vendeur dont le privilége n'était pas éteint au 1er janvier 1856, peut se trouver dans une situa-

tion beaucoup plus défavorable que le vendeur qui avait perdu son privilége à cette époque.

68. L'on vient de voir que l'art. 11, § 4, n'a frappé de déchéance l'action résolutoire résultant de la vente antérieure, pour défaut d'inscription dans les six mois, à partir du 1er janvier 1856, que lorsque le privilége s'est trouvé éteint à cette époque. Cependant il ne faudrait pas croire, sur le fondement que les déchéances ne s'étendent pas, qu'il n'était pas besoin d'inscrire dans ledit délai, lorsque le privilége existant au 1er janvier 1856 se serait éteint depuis, parce que, lorsque le privilége s'est éteint depuis le 1er janvier 1856, c'est la loi nouvelle qui régit l'acte, et qu'elle attache à l'extinction du privilége l'extinction de l'action résolutoire.

69. Nous avons dit que, d'après le Code Napoléon, l'extinction du privilége du vendeur n'entraînait pas celle de l'action en résolution du vendeur non payé. La loi du 2 juin 1841 *sur les ventes judiciaires* introduisit une exception, en restreignant le droit de résolution en matière d'expropriation forcée, et il fut décidé par l'art. 717 du Code de procédure civile, déclaré applicable par l'art. 838 aux surenchères sur *vente volontaire*, qu'en matière d'expropriation forcée, pour que l'on pût opposer à l'adjudicataire l'action résolutoire, il faudrait que le

vendeur notifiât au greffe du Tribunal où se poursuivrait la vente et avant l'adjudication, la déclaration qu'il entendait exercer cette action. Rien ne prouve que l'art. 717 du Code de procédure ait été abrogé par la nouvelle loi ; au contraire, tout démontre que ce qu'on a fait en 1841, pour tranquilliser l'adjudicataire en matière de vente par expropriation forcée, le législateur de 1855 (art. 7) a voulu le faire pour celui qui a acheté en matière de vente ordinaire.

Il suit de ce que nous venons de dire que si, dans le cas prévu par l'art. 717 du Code de procédure civile, le vendeur vient à perdre son action résolutoire, il conservera néanmoins son privilége et pourra l'inscrire jusqu'à la transcription du jugement d'adjudication, si l'on reconnaît que l'on doit transcrire les jugements rendus sur poursuite d'expropriation forcée (v. *suprà*, n° 25).

70. Une autre exception au droit de résolution résultait déjà de la loi du 3 mai 1841 *sur l'expropriation pour cause d'utilité publique* non modifiée, comme nous l'avons déjà dit, par la loi nouvelle. En effet, aux termes de l'art. 18 de cette loi, la cession amiable ou le jugement d'expropriation purge l'immeuble de toute action en résolution en faveur de l'Etat ou de la personne morale pour laquelle l'expropriation

a eu lieu; les droits des réclamants sont transférés sur le prix.

§ 4. — De l'inscription de l'hypothèque légale des femmes, des mineurs, des interdits, et de la cession de l'hypothèque légale des femmes.

71. Les art. 8 et 9 de la loi nouvelle se rapportent aux hypothèques légales. Leurs dispositions très-importantes appellent particulièrement l'attention des juges-commissaires pour les ordres.

Sous l'empire du Code Napoléon, la femme devenue veuve, le mineur devenu majeur, l'interdit relevé de l'interdiction, conservaient l'hypothèque légale sans inscription à la date du mariage ou de la tutelle pendant tout le temps que durait leur action contre le mari ou le tuteur. La loi du 23 mars a modifié profondément les principes et l'économie du Code Napoléon sur ces hypothèques et les a établis sur des bases nouvelles. L'existence de l'hypothèque légale est maintenue tant que se trouve maintenue sa raison d'être, tant que la femme est dans la dépendance du mari, tant que le mineur est sous l'autorité d'un tuteur; mais quand la capacité d'action est venue à l'un et à l'autre, le besoin de la publicité reprend tous ses droits, et il n'est plus question que d'accorder un délai pour remplir la formalité prescrite par la loi commune (*Exposé des motifs*). — Ainsi, donc, aussitôt que la raison d'être a cessé, aussitôt que l'ayant-droit est devenu capable, il tombe sous la loi commune et il est tenu de rendre son hypothèque publique. La veuve, le mineur devenu majeur, l'interdit relevé de l'interdiction, leurs héritiers et ayants-cause doivent requérir inscription dans le délai qui leur est départi; faute par eux de le faire, leur hypothèque ne date à l'égard des tiers que du jour des inscriptions prises ultérieurement. Telle est la disposition de l'art. 8 de la loi nouvelle qui porte: « Si la veuve, le mineur devenu majeur, l'interdit relevé de l'interdiction, leurs héritiers ou ayants-cause n'ont pas pris inscription dans l'année qui suit la dissolution du mariage ou la cessation de la tutelle, leur hypothèque ne date à l'égard des tiers que du jour des inscriptions prises ultérieurement. »

72. Remarquons que cette disposition n'est applicable que dans le cas où les veuves, les mineurs devenus majeurs et les interdits relevés de l'interdiction sont entrés dans la plénitude de leurs droits seulement depuis le 1er janvier 1856, date de l'exécution de la loi nouvelle; car si le mariage a été dissous, si la tutelle a

cessé antérieurement à cette époque, les veuves, les mineurs et les interdits hors de tutelle ou leurs représentants ont dû prendre inscription dans le cours de l'année 1856; faute de quoi leur hypothèque légale ne peut prendre rang que du jour où elle aura été inscrite. Cette disposition, qui est très-importante et qui intéresse spécialement les créanciers de la femme subrogés dans son hypothèque légale, est écrite dans le § 5 de l'art. 11 de la loi.

73. Si le pupille meurt en minorité, le délai d'une année accordé par l'art. 8 doit courir, ses héritiers fussent-ils mineurs eux-mêmes; car il s'agit d'une déchéance ou tout au moins d'une courte prescription, c'est-à-dire de celles qui s'accomplissent par le laps de cinq ans ou par une moindre durée, prescriptions qui, aux termes de l'art. 2278 du Code Napoléon, ne sont pas suspendues par la minorité ou l'interdiction. — Mais lorsque la tutelle prend fin seulement par l'émancipation du mineur, il n'est pas nécessaire de faire inscrire son hypothèque légale. L'émancipé continue de jouir de la dispense : la loi ne parle que du mineur devenu *majeur*. — De même, l'hypothèque légale de la femme reste dispensée d'inscription au cas de séparation, soit de corps, soit de biens, la loi ne parlant que de la *dissolution* du mariage.

74. Le droit spécial établi par la loi du 3 mai 1841 *sur l'expropriation pour cause d'utilité publique* exclut encore ici par sa nature et son but toute application possible du nouveau droit commun. En cette matière, les créanciers ayant des hypothèques légales dispensées d'inscription doivent continuer, nonobstant la nouvelle loi, à jouir de toutes les faveurs que la loi spéciale leur assure, de même que les autres créanciers privilégiés ou hypothécaires conservent aussi les délais qui leur sont accordés par cette loi spéciale. Or, la loi du 3 mai 1841, art. 17, résolvant une question laissée indécise par le Code Napoléon et qui, depuis 1819, est l'objet d'une vive controverse (1), réserve expressément au profit des femmes, mineurs et interdits, à raison de leurs hypothèques légales, même en l'absence de toute inscription, la conservation de leur droit de préférence sur le montant du prix ou de l'indemnité, nonobstant la perte antérieure de leur droit de suite par le seul effet de la vente amiable ou du jugement d'expropriation.

75. Sous l'empire du Code Napoléon, la su-

(1) Voyez l'arrêt de la Cour de cassation rendu, *chambres réunies*, le 23 février 1852, contrairement aux conclusions de M Delangle, alors procureur général.

brogation à l'hypothèque légale de la femme avait donné lieu à de nombreuses difficultés qu'il est inutile de reproduire ici. On avait agité notamment la question si les créanciers subrogés par la femme devaient faire inscrire leur subrogation. L'affirmative avait été soutenue devant les Tribunaux, et elle était enseignée par M. Grenier. Mais M. Troplong, dans son *Commentaire des hypothèques,* t. 2, n° 609, avait embrassé la négative comme plus conforme aux principes et à la jurisprudence. « Je conviens, ajoutait l'éminent jurisconsulte, qu'entre les différents individus subrogés, il peut y avoir des inconvénients. Je les ai signalés *suprà*, n° 565. Ils peuvent ignorer les subrogations consenties antérieurement par la femme, et ne trouver souvent que de fâcheuses illusions à la place du gage qu'ils ont cru s'assurer. *Mais c'est à l'imperfection de la loi qu'il faut s'en prendre sur ces inconvénients.* »

Ce sont ces paroles de M. Troplong qui, en faisant ressortir un vice radical et profond dans notre législation, en ont provoqué la réforme et ont dicté l'art. 9 de la loi du 23 mars, ainsi conçu : « Dans le cas où les femmes peuvent céder leur hypothèque légale ou y renoncer, cette cession ou cette renonciation doit être faite par acte authentique, et les cessionnaires n'en sont saisis à l'égard des tiers que par l'inscription de cette hypothèque prise à leur profit, ou par la mention de la subrogation en marge de l'inscription préexistante. — Les dates des inscriptions ou mentions déterminent l'ordre dans lequel ceux qui ont obtenu des cessions ou renonciations exercent les droits hypothécaires de la femme. »

76. Cette publicité introduite pour les subrogations est une heureuse innovation; car, ainsi qu'on l'a dit avec raison dans les motifs de la loi, « le cessionnaire du droit de la femme n'est protégé, quant à lui, par aucune des considérations qui peuvent empêcher la femme de prendre inscription contre son mari; il ne doit donc pas jouir de la même exemption, et l'intérêt des tiers se présente alors entier pour réclamer une publicité d'hypothèque si nécessaire à la sécurité des transactions. »

77. Quel est le caractère, quels sont les effets de la cession de l'hypothèque légale de la femme dans le sens de l'art. 9 de la nouvelle loi? — Les uns y voient une cession du droit d'hypothèque; d'autres pensent que la cession se réduit, de la part de la femme, à son rang d'antériorité ou à une renonciation à son droit d'hypothèque au profit d'un créancier du mari. C'est dans ce sens que la jurisprudence semblait

s'être prononcée avant la loi du 23 mars qui n'a fait que régler l'usage d'une convention autorisée par la législation antérieure. Mais les termes dans lesquels aura été conçue la stipulation, ne doivent pas être négligés pour la solution de la question; car la cession dont parle l'art 9 de la loi peut s'entendre de plusieurs manières : la femme peut, en effet, céder sa créance hypothécaire ou simplement son rang d'antériorité; enfin, son hypothèque détachée de la créance (v. Troplong, nº 323). Si, d'après les termes de la convention, la cession doit avoir l'effet d'un transport du droit d'hypothèque, le cessionnaire, comme la femme cédante, pourra l'inscrire sur tous les biens présents et à venir du mari (art. 1692 et 2122 C. N.). Si, au contraire, elle ne doit produire qu'une cession de rang par la femme ou une renonciation de sa part à exercer son droit au préjudice du créancier, celui-ci ne peut étendre son droit au-delà de l'immeuble qui lui est spécialement affecté par l'hypothèque conventionnelle.

78. Bien que le même art. 9 de la loi nouvelle décide implicitement que la femme peut valablement *céder son hypothèque légale ou y renoncer*, ce qui auparavant faisait beaucoup de difficultés, néanmoins il est certain que ce droit n'existe que pour la femme mariée sous le ré-

gime de la communauté, ou qui, mariée sous le régime dotal, n'a que des créances paraphernales. Il est incontestable que les femmes mariées sous ce dernier régime ne peuvent jouir de ce droit pour leurs créances dotales que protége la règle de l'inaliénabilité, puisque ce serait porter atteinte à cette inaliénabilité, si la femme pouvait renoncer à son hypothèque légale qui les garantit.

79. Le § 1er de l'art. 11 de la loi déclare que l'art. 9 n'est pas applicable aux actes ayant acquis date certaine avant le 1er janvier 1856. Ainsi, donc, le juge-commissaire d'un ordre doit porter de prime-abord son attention sur la date de l'acte contenant les subrogations dont parle l'art. 9. Il doit distinguer les créanciers subrogés à l'hypothèque légale de la femme dont les titres ont acquis date certaine avant le 1er janvier 1856, époque à partir de laquelle la loi a été exécutoire, des créanciers subrogés postérieurs à cette époque.

80. D'après le même §, l'effet des actes qui ont acquis date certaine avant le 1er janvier 1856, n'importe qu'ils aient été rédigés en la forme authentique ou en celle d'un acte sous seing privé, est réglé par la législation sous l'empire de laquelle ils sont intervenus. Cette législation, c'est le Code Napoléon. Or, d'après les solutions

de la jurisprudence établie sous l'empire de ce Code, sur les effets de la subrogation dans l'hypothèque légale des femmes, les rangs des créanciers subrogés dans cette hypothèque se réglaient par la date certaine des subrogations, sans tenir compte, comme on l'a vu, de l'inscription qui aurait pu être prise par un ou plusieurs de ces créanciers. On suivait alors la règle : *potior tempore, potior jure.* Le dernier arrêt de la Cour de Cassation qui a consacré cette doctrine, est du 13 novembre 1854 (Devilleneuve, 1855. 1. 193). Conséquemment, d'après cette jurisprudence, les créanciers dont nous parlons primeront les créanciers postérieurs au 1er janvier 1856, encore qu'ils n'aient pas rempli les formalités prescrites par l'art. 9 de la loi nouvelle.

81. Les créanciers subrogés dont les titres n'ont pas acquis date certaine avant le 1er janvier 1856, sont placés sur la même ligne que ceux dont les subrogations sont postérieures à cette époque. Or, pour ces créanciers, aux termes de l'art. 9, § 2, « les dates des inscriptions ou mentions déterminent l'ordre dans lequel ceux qui ont obtenu des cessions ou renonciations, exercent les droits hypothécaires de la femme. » Il n'y a plus alors à se préoccuper de la date des actes de subrogation, mais uniquement de

l'inscription de ces actes; et si plusieurs cessionnaires de date différente ont accompli la formalité le *même jour,* il faut appliquer l'art. 2147 du Code Napoléon, et les admettre à concurrence.

82. Avant la loi du 23 mars, on était d'accord pour considérer le concours solidaire de la femme à la vente d'un immeuble personnel au mari ou d'un conquêt de communauté, comme l'équivalent d'une renonciation à son hypothèque légale sur l'immeuble vendu ; et, d'après la jurisprudence alors en vigueur, l'acquéreur n'était point obligé de faire inscrire cette renonciation tacite ou de remplir une autre formalité. — Il n'en est plus de même sous la loi nouvelle. Les dispositions de l'art. 9 sont formelles : tout cessionnaire de l'hypothèque légale de la femme est obligé de rendre sa subrogation publique, et publique par l'inscription ou la mention. Or, l'acquéreur n'est ni plus ni moins vis-à-vis de la femme qu'un créancier subrogé dans son hypothèque légale ; comme tel, il reste soumis aux dispositions de la loi, et il doit en subir toutes les conséquences. Si donc la femme, même depuis la transcription de l'acte de vente, consent des subrogations dans son hypothèque légale, ces subrogations nuiront nécessairement à l'acquéreur

qui, en qualité de créancier subrogé lui-même dans cette hypothèque, n'aura pas fait inscrire la renonciation qu'il aura obtenue dans son acte de vente. — En vain voudrait-il objecter que la femme a aliéné son hypothèque légale et qu'elle ne pouvait, dès-lors, y subroger. D'après la loi du 23 mars, cette aliénation n'existe à l'égard des tiers que par l'inscription de la subrogation. Vis-à-vis d'eux, les droits hypothécaires de la femme conservent toute leur force; ils ne sont purgés que par l'accomplissement des formalités prescrites à cet effet (art. 2194 C. N.). — Vainement, encore, l'acquéreur objecterait-il que la transcription qu'il a faite de l'acte de vente doit le dispenser de prendre l'inscription ou de faire la mention prescrite par l'art. 9 de la loi, parce que, selon lui, cette inscription et cette mention se retrouveraient nécessairement dans l'inscription d'office prise par le conservateur, et que, par là, les personnes auxquelles la femme pourrait céder son hypothèque légale peuvent trouver sa véritable position à l'égard des tiers; car, d'un côté, dans le cas qui nous occupe, la transcription ne saurait équivaloir à l'inscription, parce que l'inscription, créée par l'art. 2108 du Code Napoléon en faveur du vendeur, ne peut être étendue à d'autres cas sans une disposition formelle de la loi ; et de l'autre, le créancier qui veut traiter avec la femme n'a intérêt qu'à savoir si celle-ci a conservé intacte son hypothèque légale ou y a renoncé en tout ou en partie. Or, pour le savoir, il ne s'adressera pas à la transcription, uniquement destinée, en général, à donner de la publicité aux actes se rattachant à la propriété ; il demandera, et il n'est pas tenu de demander autre chose, un état d'inscriptions de subrogations d'hypothèque légale et de mentions de subrogations : c'est par là qu'il espèrera connaître la valeur du gage, trouver la véritable position de la femme vis-à-vis des tiers. Il a donc besoin de connaître par une inscription que la femme ne peut le subroger à un droit qu'elle n'a plus par suite de sa renonciation au profit de l'acquéreur.

83. L'art. 9 exige que l'acte de cession ou de renonciation d'où le subrogé à l'hypothèque légale de la femme tire son droit soit rédigé en la forme authentique. C'est l'application faite à la subrogation de l'art. 2127 du Code Napoléon, d'après lequel l'hypothèque conventionnelle ne peut être consentie que par acte authentique. La subrogation dans l'hypothèque légale n'est, en réalité, qu'une hypothèque conventionnelle. Dans le cas où la renonciation de la femme à son hypothèque légale résulte de son interven-

tion solidaire dans les actes de vente de biens propres au mari ou d'immeubles dépendant de la communauté, il est manifeste, d'après l'art. 9, que ces ventes doivent être passées par acte authentique. Sans doute, la loi n'a pas défendu les ventes immobilières sous seing privé ; mais autre chose est la vente, autre chose la renonciation par la femme à son hypothèque légale. L'acte de vente sous seing privé n'aurait donc pas pour effet de subroger l'acquéreur dans l'hypothèque légale de la femme : ce qui, néanmoins, ne doit s'entendre que des actes sous seing privé postérieurs au 1er janvier 1856, ou qui, quoique passés antérieurement, n'ont pas acquis date certaine avant cette époque.

84. La disposition de l'art. 9 que nous venons de rappeler, a donné lieu à une autre question, celle de savoir si, lorsque la femme cède ou renonce par le ministère d'un fondé de pouvoir, la procuration doit, à peine de nullité de la cession, être astreinte aux formes authentiques ? Il faut répondre pour l'affirmative, parce qu'il ressort de l'ensemble de notre législation civile que, quand la solennité d'un acte est requise, la loi confond dans la même exigence l'acte et ses annexes. Or, le mandat est l'annexe de l'acte. L'un et l'autre sont donc soumis à une commune exigence (Merville, av. gén.

à la C. d'Amiens, Dissert. dans la *Revue pratique;* arg. Merlin, *rép.* v° *hypothèque*, sect. 1re, § 8, n° 10 ; Cass. rej., 7 février 1854; Riom, 31 juillet 1831; Amiens, 16 mai 1856. — *Contrà :* arg. Troplong, *des hypothèques,* n° 510, et *du mandat,* n° 104).

85. Dans le cas dont nous venons de parler, l'inscription que l'acquéreur doit requérir à son profit de la renonciation de la femme à son hypothèque légale, même lorsqu'il aura fait transcrire son contrat d'acquisition, sera, comme toutes les autres inscriptions, sujette à renouvellement, si l'acquéreur veut se garantir contre les autres créanciers subrogés; et cette obligation de renouvellement ne cessera qu'en cas de purge légale ou ordinaire, suivant les cas prévus par les art. 2183 et 2194 du Code Napoléon, ou que lorsque l'hypothèque légale de la femme cessera d'exister par les moyens indiqués par la loi. Il en sera de même de la mention prescrite par l'art. 9 de la loi qui nous occupe. Sans ce renouvellement, les tiers se trouveraient, après la péremption de l'inscription ou de la mention, dans l'impossibilité de trouver si la subrogation ou la renonciation existe.

86. L'art. 9 de la loi nouvelle, disposant que le créancier subrogé ne sera saisi à l'égard des

tiers que par l'inscription de l'hypothèque légale de la femme prise à son profit (de lui, créancier), on s'est demandé si dans le cas de subrogation à son hypothèque légale, consentie par la femme dans l'acte d'une obligation contractée solidairement par elle et son mari, le créancier subrogé doit prendre deux inscriptions, l'une pour l'hypothèque conventionnelle, l'autre pour l'hypothèque légale, si celle-ci n'a pas été inscrite antérieurement.

Sous l'empire de l'ancienne loi et suivant l'usage le plus général, le créancier subrogé, en prenant inscription pour l'hypothèque conventionnelle consentie par le mari ou solidairement par le mari et par la femme, faisait simplement mention dans le bordereau de la subrogation à l'hypothèque légale de la femme et requérait le conservateur d'énoncer sur ses registres cette mention que l'on considérait comme équivalant à l'inscription de l'hypothèque légale. Ce mode d'opérer avait été déclaré régulier et valable, à défaut de disposition expresse dans la législation, par deux arrêts de la Cour de Paris dont le dernier est à la date du 31 août 1854 (Devilleneuve, 1855. 2. 178), par un arrêt de la Cour de Bourges, du 18 mars de la même année, et par un arrêt de la chambre des requêtes de la Cour de cassation, du 13 novembre suivant : opinion, néanmoins, contraire à celle émise depuis par la chambre civile de la Cour suprême, qui, en confirmant, le 4 février 1856, un arrêt de la Cour impériale d'Orléans, du 12 juillet 1854, a considéré comme insuffisante la mention de subrogation faite par un créancier dans son inscription d'hypothèque conventionnelle.

Aujourd'hui plus de difficulté : la lacune qui pouvait exister, d'après la Cour de Paris, dans la législation antérieure, se trouve remplie par l'art. 9 de la loi nouvelle qui dispose, en termes formels, que le cessionnaire de l'hypothèque n'en sera saisi, à l'égard des tiers, que par l'*inscription de cette hypothèque prise à son profit,* à défaut d'inscription préexistante. Il s'ensuit qu'on ne peut plus procéder, comme par le passé, par une simple mention dans l'inscription conventionnelle de la subrogation à l'hypothèque légale de la femme. La loi nouvelle exige, en effet, impérativement l'inscription de l'hypothèque légale; ce qui suppose, non pas seulement une mention dans l'inscription de l'hypothèque conventionnelle, mais une inscription spéciale. Il faut donc prendre deux inscriptions. Seulement, il n'est pas rigoureusement nécessaire de les requérir par deux bordereaux distincts. Rien, en effet, dans la loi, ne défend au créancier subrogé de formuler dans un seul et même bordereau la double inscription de l'hypothèque conventionnelle et de l'hypothèque légale, pourvu que ces deux inscriptions ainsi cumulativement acquises contiennent, la première, tout ce qu'exige l'art. 2148 du Code Napoléon; la seconde, toutes les énonciations prescrites par l'art. 2153. Le vœu de la loi du 23 mars, qui a eu en vue de sauvegarder la publicité, est complètement satisfait; et les tiers, en consultant les registres, peuvent y trouver tout ce qu'il leur importe de connaître.

87. Lorsque l'hypothèque légale de la femme est déjà inscrite, le créancier subrogé a le choix de prendre une inscription directement à son profit, ou de faire mentionner sa subrogation en marge de l'inscription préexistante. Mais pour que la mention de subrogation puisse satisfaire au vœu de la loi, qui est la publicité, il est nécessaire qu'elle contienne les énonciations spéciales voulues pour la validité d'une inscription, notamment l'élection de domicile et l'indication des droits à conserver. Une simple mention de subrogation dépourvue de ces énonciations ne constituerait pas une publicité véritable. — D'un autre côté, comme la péremption de l'inscription entraînera évidemment la péremption de la mention de subrogation, le

créancier subrogé devra faire renouveler en temps utile l'inscription de l'hypothèque légale à laquelle il est subrogé.

88. Pour opérer la mention de subrogation, il n'est pas nécessaire que le créancier présente au conservateur les deux bordereaux exigés pour inscrire l'hypothèque; mais il faut qu'il dépose au bureau du conservateur un extrait de l'acte contenant la subrogation; car ce créancier doit justifier de son droit, comme le créancier ordinaire doit produire, quand il veut inscrire sa créance, aux termes de l'art. 2148 du Code Napoléon, une expédition ou l'original en brevet de son titre.

89. Afin d'assurer, selon le vœu de la loi, le rang de chaque cessionnaire, les conservateurs font enregistrement au registre de dépôt, comme pour les inscriptions, des demandes de mention de subrogation pour cet enregistrement d'ordre et la mention en marge de l'inscription préexistante; ils ne peuvent exiger que le salaire de 50 centimes fixé par le n° 4 du décret du 21 septembre 1810, indépendamment du prix du papier timbré du registre de dépôt (*Instr.* de la régie, du 24 novembre 1855).

90. Nous venons de voir que le créancier qui profite d'une cession ou d'une renonciation, doit, aux termes de l'art. 9 de la loi, rendre

publique l'hypothèque de la femme par l'inscription de cette hypothèque qui peut être prise directement à son profit (de lui, créancier), ou au profit de la femme, mais, dans ce dernier cas, en mentionnant en marge de l'inscription l'acte qui lui en confère les avantages. Cette option n'est pas indifférente, soit au point de vue de l'économie des frais, soit à cause des inconvénients qui peuvent résulter de l'un des deux modes employés pour conserver les effets de la subrogation. En effet, si l'inscription de l'hypothèque légale de la femme du débiteur est prise au profit seul du créancier subrogé, la main-levée de cette inscription pourra ensuite être donnée par celui-ci, sans le concours de la femme, puisque c'est celui-là seul au profit duquel l'inscription a été prise qui a exclusivement qualité pour en donner main-levée. En prenant l'inscription pour l'hypothèque légale, le créancier subrogé n'entend nullement veiller à la conservation des intérêts de la femme; il n'agit que dans son seul et propre intérêt. Lorsqu'il est payé de sa créance, il peut ainsi donner main-levée de l'inscription de l'hypothèque légale qu'il a prise lui-même et uniquement pour la conservation de son droit.

Si l'inscription de l'hypothèque légale était prise par le créancier subrogé au profit de la femme, sauf à lui à faire mentionner sa subrogation en marge de cette inscription, dans ce cas il est clair que la main-levée de l'inscription de l'hypothèque légale ne pourrait être donnée sans le concours de la femme , puisqu'elle aurait été prise à son profit. Il pourrait y avoir dans ce mode d'opérer des inconvénients et il y aurait toujours un surcroît de frais que le créancier doit éviter.

91. Mais, dans aucun cas, l'inscription de l'hypothèque légale de la femme ne doit donner lieu à la perception du droit proportionnel d'un franc p. 100, que cette inscription soit prise au nom de la femme ou au profit du créancier subrogé, qu'elle soit requise par un seul bordereau cumulativement avec l'inscription de l'hypothèque conventionnelle du créancier subrogé, ou par un bordereau séparé. Dans toutes les hypothèses, la créance de la femme garantie par son hypothèque légale reste éventuelle et indéterminée. Or, d'après la loi du 6 messidor an VII, les inscriptions indéfinies ne sont point sujettes au droit proportionnel.

FIN.

LOI DU 23 MARS 1855

SUR LA

TRANSCRIPTION EN MATIÈRE HYPOTHÉCAIRE.

ART. 1er. — Sont transcrits au bureau des hypothèques de la situation des biens : — 1° Tout acte entre-vifs translatif de propriété immobilière ou de droits réels susceptibles d'hypothèque ; — 2° tout acte portant renonciation à ces mêmes droits ; — 3° tout jugement qui déclare l'existence d'une convention verbale de la nature ci-dessus exprimée ; — 4° tout jugement d'adjudication autre que celui rendu sur licitation au profit d'un cohéritier ou d'un copartageant.

ART. 2. — Sont également transcrits : — 1° Tout acte constitutif d'antichrèse, de servitude, d'usage et d'habitation ; — 2° tout acte portant renonciation à ces mêmes droits ; — 3° tout jugement qui en déclare l'existence en vertu d'une convention verbale ; — 4° les baux d'une durée de plus de dix-huit années; — 5° tout acte ou jugement constatant, même pour bail de moindre durée, quittance ou cession d'une somme équivalente à trois années de loyers ou fermages non échus.

Art. 3. — Jusqu'à la transcription, les droits résultant des actes et jugements énoncés aux articles précédents, ne peuvent être opposés aux tiers qui ont des droits sur l'immeuble et qui les ont conservés en se conformant aux lois. — Les baux qui n'ont point été transcrits ne peuvent jamais leur être opposés pour une durée de plus de dix-huit ans.

Art. 4. — Tout jugement prononçant la résolution, nullité ou rescision d'un acte transcrit doit, dans le mois, à dater du jour où il a acquis l'autorité de la chose jugée, être mentionné en marge de la transcription faite sur le registre. — L'avoué qui a obtenu le jugement est tenu, sous peine de 100 fr. d'amende, de faire opérer cette mention, en remettant un bordereau rédigé et signé par lui au conservateur, qui lui en donne récépissé.

Art. 5. — Le conservateur, lorsqu'il en est requis, délivre, sous sa responsabilité, l'état spécial ou général des transcriptions et mentions prescrites par les articles précédents.

Art. 6. — A partir de la transcription, les

créanciers privilégiés ou ayant hypothèque, aux termes des art. 2123, 2127 et 2128 du Code Napoléon, ne peuvent prendre utilement inscription sur le précédent propriétaire. — Néanmoins le vendeur ou le copartageant peuvent utilement inscrire les priviléges à eux conférés par les art. 2108 et 2109 du Code Napoléon dans les quarante-cinq jours de l'acte de vente ou de partage, nonobstant toute transcription d'actes faite dans ce délai. — Les art. 834 et 835 du Code de procédure civile sont abrogés.

Art. 7. — L'action résolutoire établie par l'art. 1654 du Code Napoléon ne peut être exercée, après l'extinction du privilége du vendeur, au préjudice des tiers qui ont acquis des droits sur l'immeuble du chef de l'acquéreur, et qui se sont conformés aux lois pour les conserver.

Art. 8. — Si la veuve, le mineur devenu majeur, l'interdit relevé de l'interdiction, leurs héritiers ou ayants-cause n'ont pas pris inscription dans l'année qui suit la dissolution du mariage ou la cessation de la tutelle, leur hypothèque ne date, à l'égard des tiers, que du jour des inscriptions prises ultérieurement.

Art. 9. — Dans le cas où les femmes peuvent céder leur hypothèque légale ou y renoncer, cette cession ou cette renonciation doit être faite par acte authentique, et les cessionnaires n'en sont saisis à l'égard des tiers que par l'inscription de cette hypothèque prise à leur profit, ou par la mention de la subrogation en marge de l'inscription préexistante. — Les dates des inscriptions ou mentions déterminent l'ordre dans lequel ceux qui ont obtenu des cessions ou renonciations exercent les droits hypothécaires de la femme.

ART. 10. — La présente loi est exécutoire à partir du 1er janvier 1856.

ART. 11. — Les art. 1, 2, 3, 4 et 9 ci-dessus ne sont pas applicables aux actes ayant acquis date certaine et aux jugements rendus avant le 1er janvier 1856. — Leur effet est réglé par la législation sous l'empire de laquelle ils sont intervenus. — Les jugements prononçant la résolution, nullité ou rescision d'un acte non transcrit, mais ayant date certaine avant la même époque, doivent être transcrits, conformément à l'art. 4 de la présente loi.

Le vendeur, dont le privilége serait éteint au moment où la présente loi deviendra exécutoire, pourra conserver vis-à-vis des tiers l'action résolutoire qui lui appartient, aux termes de l'art. 1654 du Code Napoléon, en faisant inscrire son action au bureau des hypothèques dans le délai de six mois, à partir de la même époque.

L'inscription exigée par l'art. 8 doit être prise dans l'année, à compter du jour où la loi est exécutoire ; à défaut d'inscription dans ce délai, l'hypothèque légale ne prend rang que du jour où elle est ultérieurement inscrite.

Il n'est point dérogé aux dispositions du Code Napoléon relatives à la transcription des actes portant donation ou contenant des dispositions à charge de rendre; elles continueront à recevoir leur exécution.

Art. 12. — Jusqu'à ce qu'une loi spéciale détermine les droits à percevoir, la transcription des actes ou jugements qui n'étaient pas soumis à cette formalité avant la présente loi, est faite moyennant le droit fixe de 1 fr.

TABLE

DES PARAGRAPHES CONTENUS DANS CE LIVRE.

TOULOUSE, IMPRIMERIE DE A. CHAUVIN, RUE MIREPOIX, 3.

CHEZ LE MÊME ÉDITEUR.

CLERC et A. DALLOZ. **Traité théorique et pratique**, ou Formulaire général et complet du Notariat. Nouvelle édition. 2 vol. in-8°, 16 fr.; franc de port, 18 fr.

LEDRU. **Clef du Notariat**, ou Exposition méthodique des connaissances nécessaires à un Notaire. 1 vol. in-8°, 4 fr.; franc de port, 5 fr

JEANNIN. **Tarif des frais et émoluments des Avoués de première instance et des Cours impériales.** 1 vol in-8°, 3 fr. 50 c.; franc de port, 4 fr.

RIVOIRE. **Dictionnaire raisonné du Tarif des frais et dépens en matière civile**, à l'usage de chaque Cour impériale, Tribunal civil, de commerce, etc, etc. 1 vol. in-8° de 660 pages. Prix : 7 fr.; franc de port, 8 fr.

GOUGET et MERGER. **Dictionnaire de Droit commercial**, contenant : la législation, la jurisprudence, l'opinion des auteurs, les usages du commerce, les droits de timbre et d'enregistrement des actes, enfin les modèles de tous les actes qui peuvent être faits, soit par les membres du Tribunal de commerce soit par les commerçants eux-mêmes. 4 forts vol. in-8°, 30 fr.

DUFOUR. **Aide-Mémoire d'un Président d'assises.** Nouvelle édition. 1856. 1 vol. in-4°. 6 fr.; *franco*, 7 fr.

MAURICE BLOCK. **Dictionnaire de l'Administration française.** 1 très-gros vol. in-8°. Prix : 25 fr.; franc de port, 27 fr.

BIOCHE. **Formulaire de Procédure civile et commerciale**, contenant, dans l'ordre alphabétique, les modèles de tous les actes de procédure civile et commerciale, avec leur tarif. 1 vol. in-8°, 7 fr. 50 c.; franc de port, 9 fr.

— **Dictionnaire de procédure civile et commerciale.** Troisième édition, mise au courant de la jurisprudence. 6 vol. in-8°, 48 fr.

On trouve chez **M. GIMET** tous les ouvrages qui ont été écrits sur la transcription en matière hypothécaire, par MM. TROPLONG, RIVIÈRE et HUGUET, BRESSOLLES, etc., etc., ainsi qu'un nombreux assortiment d'ouvrages de **droit moderne.** — Il reçoit également, peu de jours après leur mise en vente à Paris, tous les ouvrages de littérature, d'histoire, de sciences, de philosophie, de médecine, etc., etc. — Classiques français, — latins, grecs et étrangers.

TOULOUSE, IMP. DE A. CHAUVIN, RUE MIREPOIX, 3.

www.ingramcontent.com/pod-product-compliance
Ingram Content Group UK Ltd.
Pitfield, Milton Keynes, MK11 3LW, UK
UKHW021117260726
13994UKWH00002B/915